사랑은 사랑에게로 사랑일 수 없는 곳까지

2021년 12월

황학주 올림

황학주 시선집

여행을 빼앗겨 동백꽃같이 질 때가 있으리라

황학주 시선집

여행을 빼앗겨 동백꽃같이 질 때가 있으리라

발견

당신 빼고는 다 지겨웠어

— 황학주

차례

2

3

운명처럼 낯설고 운명처럼 애잔한

황학주의 시를 한꺼번에 다시 읽으니 시어가 펼쳐내는 색상이 운명처럼 낯설다. 그는 연하고 희미한 그늘을 주로 노래한다. 쓸쓸하고 애처로운 세상의 잔상에 대한 연민과 동정이 그의 시의 주제다. 민족과 역사 같은 거대담론은 시의 틈에 스며들지 못한다. 풍요로운 자연의 풍경도 그의 시에 발을 들이지 못한다. 30년 이상을 지속해 온 연민의 사랑은 참으로 아리고 슬프다. 그 사랑은 시에 대한 사랑이고 삶에 대한 사랑이고 사람에 대한 사랑이고 세상에 대한 사랑이다. 30년 넘게 사랑을 계속했으나 이룬 것이 없는 허망의 사랑이요 배반과 굴욕의 사랑이다. 왜 그러한가? 허무의 감각이 시적 연금술의 중요한 질료로 작용하기 때문이다.

그의 시에는 서럽도록 가벼운 야윈 눈송이가 흩날리고,

하얀 무릎을 모은 자작나무가 황황히 서 있다. 비 젖는 세상에 별은 한 줌밖에 안 되고, 세상 저 끝에 희미한 산그늘 설핏하거나 흙집 밑동 남루한 불 밑으로 낮고 여린 노래 사라진다. 주름진 옹이 사이로 동백꽃은 목이 떨어지고, 발목 꺾인 저체중의 산새는 혹한의 진눈깨비에 몸을 누인다. 그리고 시인은 독거의 별자리 아래 쉰내 나는 저녁밥상을 마주한다. 우울한 허무의 목록은 얼마든지 연장될 수 있다. 그런데 그는 이 우울과 비탄을 재료로 삼아 몽롱한 아름다움을 빚어낸다. 인간의 뼈아픈 고뇌를 매력 있는 미학적 구도로 연금하는 것이 황학주의 장기다. 천성의 고독 속에서 독거의 몸부림으로 미학주의의 심연을 파고든다. 그 결과 지금껏 누구도 성취하지 못한 애매성의 미학, 허무주의와 미학주의의 찬란한 융합을 창조한다. 이 우울한 허무의 미학은 그에게 운명과 같다. 그래서 30년 이상 벼랑 위의 성채를 완고하게 사수했으리라.

고립과 상처와 외로움은 그의 시 창조의 동력이다. 사랑이 상처 속에 있다고 노래했고 그가 만드는 집의 도면과 공

법이 고립과 외로움에서 나왔다고 했으니 이것은 사실일 것이다. 상처와 고립과 외로움에 기대어 그의 시는 언어의 그늘을 펼쳐낸다. 그늘은 눈부처처럼 모호하고 저녁노을처럼 한시적이다. 그런데도 그는 모호하고 가변적인 그늘의 미학에 전념한다. 우리의 생이, 그가 체험한 60여 년 삶의 단층이 그렇게 모호하고 가변적이기 때문이다. 이것이 그가 인식한 생의 진실이다. 그러므로 그의 시는 모호하고 가변적이다. 이것으로 인해 그의 시는 매력적인 난해성을 확보한다. 그리고 나머지의 가해성이 독자들의 지적 호기심과 지적 쾌감을 자극한다. 모호하고 가변적인 그늘의 삶을 살아온 독자들은 그의 시에 매혹된다. 그 매혹 또한 운명적이다.

이 시선집에서 내가 가장 사랑하는 시는 「큰눈 오는 날」이다. 투병 중인 스승 최하림 시인을 만나고 온 기록이다. 눈이 수직으로 내리는 날 스승은 팔을 수평으로 뻗어 기울어가는 몸을 버티고 계셨다. 병상의 거실에서 옹이를 여럿 품은 소나무가 큰눈 받는 걸 내다보며 연필 깎는 것으로 무언가를 버티고 계셨다고 시인은 썼다. "노트 첫 페이지를 펴드리듯" 마당의 눈을 쓸어드리고 온 것이 좋았다고 썼다. 그 안에 담긴 사랑을 나는 사랑한다. 그 따뜻한 사랑이 오래 이어지기를 기원한다.

이숭원(문학평론가)

1

여기엔 시간이 많지 않다

바람의 쇄골 선을 따라
흔들리며

바람이 불수록
언성을 낮추기 위해
땅에 갈고리를 거는 억새

다시는 당신에게 화를 내지 않게
당신에게

한 가지만 결심을 하게
만조한 내 인생에서

당신이지만 알려주는 게 좋겠다
당신의 손을 잡고 가다
당신을 더 이상 떠올리지 못 할 때
화를 내지 않을게

날리는 억새 아랫도리를 여며주려
뜻밖에 붉은빰멧새가 뛰어드는

바람이 먹고 얼룩지고 지워지며
지나는 여기엔
시간이 많지 않다

당신에게 화를 내기엔
약여히 당신을 살아본 적이 없다

사랑은 살려달라고 하는 일 아니겠나

사려니 숲길을 가는
그 마음 다칠까 되부르지 못한 일이
사실은 단둘뿐인 먼 길을 간 것인지

야윈 눈청에 빗금을 다는 저녁은
눈이 어는 길만 밟듯이 오고
사랑은 무엇과도 달라야 한다
이런 생각은 노루 혓바닥 같은 야생을 핥고
혀를 깨무는 소리를 돌아 나오는 거기도 하지만

사랑은 살려달라고 하는 일 아니겠나
이젠 전화도 가지 않는 옛날에게
사려니숲길을 걷게 하는 건 아니지

막 숲을 벗어났다 돌아오는 메아리가
때죽나무 하나를 두르고
성냥불을 쬐며 쿨럭이는 뽀얀 영혼을 덧입는다

죽을 거 같은 채로 시작된
그런 그 사랑 지나갔나 싶은
길은 끝까지 촛농이 떨어진 얼굴색이라 여기고 마네

뽀삭뽀삭 눈에 밟히는
그 사람 오지 못한 길에서
그 한 사람, 마주치는 일

눈밭 한쪽에 볕이 들어 놀라고만 서있는
쓸모없어 사랑은 신비롭다 우산도 없는 나

어느 날 야윈 눈송이 날리고

그 눈송이에 밀리며 오래 걷다

덜 닦인 방

늘 덜 닦인 방에서
덜 갚은 빚처럼
몸서리치며 나누던 몸

한 국자쯤 고이고
다시 한 스푼쯤 차오르는
별 한 줌을 시간 안에 나누느라고

우리여,

자작나무 날개

너무 그리울 때는 자작나무가 있기도 없기도 했다
너 없는 하루는 하나만도 아니고
하나도 멋지지 않은 자작나무가 있었다
이렇게 하얀 무릎을 모으고 서서 원하는 것은 생의 고저이겠는지 속도이겠는지
너무 이쁘게 보일 때는 말도 못하지만
내, 낮달 스미고 일요일 오고 신작로 깔리는 자작나무 4월이 오면
사랑을 해야지 대신할 수도 대표할 수도 없이
자작나무가 서 있는 일곱 번째 봄
우리는 할 얘기가 많아 껍질박이 흠에 들어가
삼십 년은 더 살아야지
날개였던 하얗게 튼 살을 꼬집으며 사라져가야지
그렇게 여기면 까불거리며 울어지기도 했다
4월 산문에 둘이서 얇게 벗겨지는 것이 깊었다
다른 나무들도 아뜩하게 날개가 없었다고 사랑을 추억하긴 했다

밤 개펄

손전등 불빛에
조만조만한 눈두덩들이
켜진다

아주 오래 전에 흘러온 구멍도
하나, 아기처럼
숨을 삼키고 있다

야삼경 개펄에
세상 참 바둑하다

갯완두꽃 앞으로
어지럽도록 뿌려진 구멍들
간격이 맞는다
백로 울음소리까지 폭삭 익어 들어있다

농게, 갯지렁이, 물떼새의 길 복판에 지은

인간의 집을 설명하려니
농게, 갯지렁이, 물떼새 말고도
다들 안 끼워주려는 눈치이다
이런 미혹이 처음인 양
빨려들어가

개펄가문에 입적한 구멍의 하나로
생각하고 싶어지는 밤

첫 편지

바다는 딴 색으로 잔잔해져 있었습니다
마을은 바다 건너에서 잔광을 받고
야생화들이 흙길 끝까지 가서
진흙수렁마저 향기였습니다
나는 자전거 위에서 길을 돌아보았습니다
꽃대가 떨리고 있는 꽃들의 목 근처를
하루살이가 비행하고 있었지요
입술이 아주 마른 생명이
여러 바다를 건너와 있었습니다
새빨간 구름이 몸통을 흙에 묻힌 석상처럼
바다 끝에 쓰러져 있을 때

그리고
바다 옆에 연못이 있었습니다
갈대를 전문으로 키우고 있었지요
갈대밭에 연못이 들어간 것 같이

하루살이 안에 갈대가
들어찬 것 같이
나 몹시도 괴로웠습니다
내 눈에 젖은 것이 혹,
당신이었는지도 모르겠습니다.

아침에겐

아침에겐
아침이 되기 전의 바스락거림이 있다

짐작건대
세간엔 맑은 슬픔이 되기 전
자작나무 껍질에 닦은 눈동자가 있다
입 딱 벌어지는 일이지만

바위 위에 잠시 앉았다 떠난 새에겐
초록의 입술 한 점 문
날기 전의 비틀거림이 있다

산마루가 보이기 전에
아침이 지나온 곳을 아무도 보지 못한다

구르는 돌

당신을 포옹하고 있는

구르는 돌

나, 세상 모서리에 부딪치며

자꾸 작아진다

포옹 안에 당신만 남을 때까지

자꾸 작아진다

포옹 안에 당신만 남을 때까지

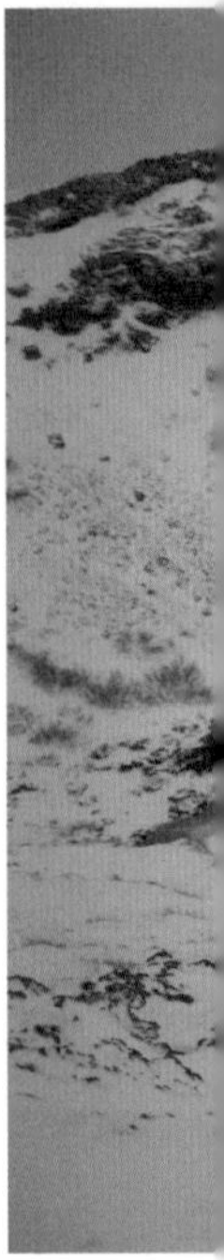

은하수역, 저쪽

정거장 대합실 파닥이며
되새가 들어왔다

산간에 눈이 내려
달빛이 산마루를 덧칠하며 원 없이 넘어올 때
탈탈 털고 대합실에 들어서는 사내가 발을 전다
오래 절룩거려온 나이는 먼 데 있는 정거장까지 알아볼 것이다
주위에 목마름이 심한 돌들이 많다는 것은
그 증거이다

별 발자국이 눈밭에도 찍혀 있다
발자국의 뿌리는 사내의 키만큼 깊을 것이고
별의 뿌리는 별보다 더 먼 곳에서 요동치고 있을 것이다

누군가
눈밭을 절며 걸어온 발로

걷기 전의 성한 데를 건드려보는 것이다 반짝반짝,

하늘은 가지에 목이 걸린 홍매(紅梅)를 밤새 살리고 있었나보다
숨소리 돌아오며 안색 밝아지는
산마루 앞 칸으로 옮겨 타려다 멈칫거리는 앳된 별

사내가 대합실 우윳빛 유리에 비치는 발자국을 지켜보고 있다
되새가 머리를 박으며 대합실을 빠져나간다
아무래도 되새는 부력이 좋은 봄기차로 가려는 것 같다

새벽밥 먹은 별들이 하나둘 자리를 뜨자
빈자리마다 덴 자국이 있었다

별 발자국이 눈밭에도 찍혀 있다

발자국의 뿌리는 사내의 키만큼 깊을 것이고

별의 뿌리는 별보다 더 먼 곳에서 요동치고 있을 것이다

제주의 짧은 밤 조 끝에

해변가에 몸을 씻기러 내려간 바람이
처음 맺어준 해국과는
관계를 계속한다
제주의 짧은 밤 조 끝에*

요즘세상에선 쉬이 볼 수 없는 감정이
꽃으로나마 울컥해지니
그 꽃이 갑자기 현실에 나란히 앉아 서로의 다리를 주물러 주는 형색이다

눈빛 설핏한 내가 그 반짝 반짝거리는 물빛과 만나
잦은 기침을 받을 때
손바닥에 핀 것도 같은

바람이
꽃으로 말갛게 바다 귀퉁이를 때릴 때

나는 아무 데도 가지 않은
한 사람을 보냈지만

시린 밤 조 끝에,
제법 바람 밑을 파고들어 가는 연로한 해국의
박박 지운 미소는 흐릿흐릿 깔리오

물을 밟고 있는 게 처음은 아니지만
물을 꾹꾹 밟아 얼굴이나 엉덩이를 빚는
젖은 골방에서

사랑은 날 낳을 때 한번 이상 날 버리지는 않았지
시린 밤 별들이
풀치마 벗은 하늘의 양쪽 귀를 쥐고 있는 것도 같으니
어머니란 늘 저런 식으로 나를 기다리네

유독 해국이어야 했나

대체 해국이 우리 집 어디에 있는지 말하라하지는 말기를

*'옆에'라는 뜻의 제주어.

벨기에의 흰 달

정거장마다
지붕 선이 바이올린처럼 예쁘고
어딜 가나 사랑하는 사람들의 눈은
달에 가 있다
달이 물방울처럼 아름다운
브뤼셀은 가까워 오는가
정말 生에 가까운 것이 오려나

당신은 참 좋은 사람예요
갑자기 열차 창 쪽에서
선이 흔들리는 달이
말한다
죄를 사용했던 사랑을 가지고 탔으니
내가 다시 태어나면
여자에게 그렇게 잘해주는
남자가 되고 싶어요

다시 사랑 할 수 있다면
자기가 자기를 향해 뜨는
달의 뒷면 같은 데를 가고 싶은

브뤼셀을 한 정거장
지나쳐버린 늦은 밤
뜻밖에 되돌아갈 곳이 생겼다

파랑새 둥지 밖 파랑새와
파랑새 둥지 안 파랑새가 파랑새의 말로

당신은 왜 밖에 나가면 전화하는 걸 잊어먹지?

당신은 안에
나는 밖에 있는데도

당신과 함께 있는 거 같은
그 느낌이 좋기 때문

비행기가 활주로로 들어설 때

아직 겨울 새벽은 남색의 수위(水位)를 벗어나지 못했다
비행기가 활주로 가까이 내려가고 있을 때 밑을 보았다
당신이 탄 자동차가 바다 속 같은 세상의 귀퉁이에서
차선을 바꾸며 공항도로를 환하게 달려오고 있었다

접힌 살이 빠르게 들어가고 있는 지상의 여울목

아파, 길게 길게 부르짖다 나는 내려간다
바퀴가 찢어질 듯 비명을 지르지 않고서는
길 위에 올라갈 수 없는 사랑들

아파, 길게 길게 부르짖다 나는 내려간다

바퀴가 찢어질 듯 비명을 지르지 않고서는

길 위에 올라갈 수 없는 사랑들

사랑할 때와 죽을 때

나는 겨울을 춥게 배우지 못하고
겨울이 모일 때까지 기다리지도 못 했지만

누가 있다 방금 자리를 뜨자마자
누가 있다 깍지 속에서 풀려나와 눈보라 들판 속으로 들어가는

사랑이란
매번 고드름이 달리려는 순간이나 녹으려는 순간을 훔치던 마음이었다
또한 당신의 눈부처와 마주 보고 달려 있었다

이제 들음들음 나도 갈 테고
언젠가 빈집에선
일생 녹은 자국이 남긴 빛들만
열리고 닫힐 것이다

그때에도 겨울은 더 있어서
누가 또 팽팽하게 매달려 올 것이다
자유를 춥게 배우며
그 몸 얼음 난간이 되어

행복했다는 말

메밀밭 같은 하얀 파도의 원단은 캄캄한 내 마음일 것이다
오려낸 작은 점 하나가 옷자락의 물결 휘감는

그 말을 살짝 떨어뜨리듯
두고 가려 한 마음이 뭔데?

나는 그냥,
목이 긴 새처럼 쏙쏙쏙 가슴에 그 말 한사코 박고 있으며
진흙 덩어리처럼 흘러내리는 비를 맞고 있으며

눈앞이 캄캄한데 달려가기만 한 어질한 무늬가 있었다는 것을
기억하는 마음이
벽으로 서고…

나는 슬픈 생각만을 가진 게 아닌데
너를 사랑한 순간의 시작이 돌아갈 수 없는 순간의 시작이

었다는 아뜩함이 있다

그리고 그 괴로움만 지나면 왜 새 수건을 쥔 듯
말랑한 느낌이 오고
다시 밤과 지붕 밑의 욕실에서 훌훌 벗을 수 있을 것만 같을까

메밀밭이 끌어들인 달빛을
버석버석 밟으며
물어낼 수 없는 말을 많이많이 생각하며

겨울 여행자

어느 날 야윈 눈송이 날리고
그 눈송이에 밀리며 오래 걷다

눈송이마다 노란 무싹처럼 돋은 외로움으로
주근깨 많은 별들이 생겨나
안으로 별빛 오므린 젖꼭지를 가만히 물고 있다

어둠이 그린 환한 그림 위를 돌아보면
눈이 내려 만삭이 되는 발자국들이 따라온다

두고 온 것이 없는 그곳을 향해 마냥 걸으며
나는 비로소 나와 멀어질 수 있을 것 같다
너에게로 가는 길을 찾을 수 있을 것 같다

사랑은 그렇게 걸어 사랑에서 깨어나고
눈송이에 섞여서 날아온 빛 꺼지다, 켜지다

말한다, 나의 아름다운 우주목

귀담아들으라는 말을 들었다 오래전에

밥 차릴 수 없고
빨래할 수 없는 말이지만
혼자 사는 누군가의 고봉밥이 되던
한 바가지의 말, 닿지 않는 등을 시리게 씻어주고
그만 자거라, 불을 끄기도 하는

한밤 찬장에 엎어둔 사기그릇이나
뚜껑을 열어둔 쌀독 같은 데서
들려오는 소리 같다
귀 담 아 들 으 라
문지방을 넘다가 걸리는 아주 낮고 여린 목소리

가지를 잘라주려던 늙은 동백나무 뒤편은
햇빛 잘 드는 앞쪽과는 사뭇 다른 언어권이다
거기서 가지들은 종일 고쟁이 그늘을 입은

헐렁한 수준으로 말한다

그리고 몇 해 동안
이 집 중앙의 아름다운 고목은
열여섯 꽃띠 시절을 내 앞에 데려다 놓곤 운다
거울 앞에 자주 멈춰 선 느린 기억 뒤에
갈래머리로 앉아 있는 또 다른 언어권

있잖니 여보세요 여보세요
한 얼굴은 떠오르지만 그 얼굴은 들리지 않는다
한 얼굴은 들리지만 그 얼굴은 떠오르지 않는다

다만 귀담아들었냐는 표정으로
당신은 떨어져 쌓인다
자신의 말을 자신의 귀에 모두 주워 담아 떠날 날을 기다리듯이

우리들의 건너편

사랑해- 라고 말한 다음에
건너편이 생길 때까지 우리는 밀려간다
건너편까지가 아프고
그 다음부터 아픔은 내 옷깃을 잡을 수 없으리

다시 건너편으로

우리는 누군가의 말을 놓치듯 살아가는 걸까
젖은 페이지가 쌓여 한 권 아린 해안이 될 때까지
건너편은 건너편, 으로

그리해서 사랑해- 라는
아침의 통화음이 울리는 건너편을
비만 남고 눈만 내리는 무렵의 낡은 전축소리로 다녀와 보려 한다 지직거리며

언젠가

건널목에서 잠깐 사라지는 사이 마주 오는 사람의 얇은 그림자로 다시 나타나던

생이여

눈앞에 번번이 낙석 지는 사랑을 한 생으로 치고

가장 먼 건너편

한 사람과 또 한 사람이 시리게 마주 보는

꽝꽝 언 수평선 너머로

두 생, 세 생째를 좇아갈 수 있다

돌멩이가 두어 무더기 밀려와 앉은 뒤를 힐끗 돌아보며 돌아보며

이유가 있겠지

이슬막
눈은 오지

있지 않는 것에 재나 뿌리듯
내리는
진눈깨비
그 속을
여닫이문을 젖히는 사람처럼 뛰어나가며 나는 받힌 사슴처럼 나타나며
잡는다기보다 보낸다는 생각으로
전화(戰火)에 당신을 잃은 비화(飛火)로

간섭하려들면 입도 눈도 틀어지는
당신과의 허구 속에 생겨난 생철집을 뒤로 한 채
짓무른
눈 속으로
심장에 하나 남은 먹활자를 날리며 떠났네

이유가 있겠지
도륙 위에 사랑을 눕힌

대문이 거의 없고 골목이 많은
내 어둠
목말을 타고 또 그 위에 목말을 타고 그 위에 감자자루를 올리고

바다 앞까지 와 진눈을 싸안고 바다 벽면에서 바닥으로 꽂히는 새처럼
나는 좇으며
말로 싸워 본 적 없는 당신에 대한 생각만 해

잎샘 성화 보랏빛인데
이유가 있겠지
이유가 있겠지

정해진 이별

그 길에 들어가는 당신을 보고 있습니다
밤늦도록 빗속에
천가죽처럼 묵직하게 처진
고목들이 줄 서 있고
그 길에 가는 자를 못 비추는
무뚝뚝한 등이 서 있습니다
헌 세상 같은 밤이 차고에 들고
얼룩이 배어 있는 이마를
나는 핸들 위에 가만히 찍습니다
동 트지 말았어야 할 하루였나요
밤의 진흙에 화단 한 평은 들인
비 개이면 서니부룩 파크에서도 맞은편이 보일는지
신음소리 없는 인연을 바랄 턱도 없겠지만
사랑은 병 깨는 소리에 놀라는
참 오래된 밥집만 남은 쓸쓸한 공원 같습니다
무변대행데, 라고 당신 말하겠지만
움푹한 영혼이 살았던 방바닥에

입맞춤 하나가 아직 일어나지 않지만
이제야 길을 잃어도 내가 없는 당신만이 있을 뿐입니다

그 길에 가는 자를 못 비추는

무뚝뚝한 등이 서 있습니다

필동

남산 끝자락에 붓글씨를 흉내 낸 골목들이 살아 있고 나는 하숙집으로 들어간다 저체중으로 출산된 산새들이 종종 하숙집 뒷마당에 나타나고 새들의 밥 먹는 소리가 나는 좋았다 음계에 대해 늘 허기졌지만 하숙집엔 울어서 눈이 보이지 않게 된 남자의 노래가 있고 곡이 없는 새들은 그냥 따라 울곤 했다 주인집 남자는 오늘도 늦다 걸어서 돌아오지 못하고 업혀 오는 혼잣말을 듣고 있으면 분노란 꼭 누구를 겨냥한 것은 아닌 것도 같았다 하숙이란 남산 아래 잔다는 뜻이고 몸이란 흠집은 언제나 바닥 잠을 잔다고도 했다 야경뿐인 밤은 일용공의 손금을 배 위에 가만히 올려주었다 박동 필사본을 배 위에 가만히 덮어주었다

하숙집을 떠나는 날 비 오는 필동은 꽃잎을 토하듯 흙탕물이 넘쳤다

정든 방황이 없다면 하숙할 곳이 없었을 것이다 제일로 길 안쪽이었다

강

다시 돌아서지 않을
사람이 왔다 가면서
허리끈이 하나 떨어졌습니다.
그녀가 풀어놨어도 사는 동안
여전히 묶여 있을 것입니다.
그 사람은 이번이 첫사랑입니다.

당신을 위한 작은 기도

첫날밤이 어서 다음날 밤을 치러 노정을 밀고

그날 밤 되던 사랑이 매일 되는 정말 알 수 없는 인연이기를

파문이야말로 수피의 안쪽에 생기는 것을 아무에게도 말하지 말고

마음이 뛰면 감고 마음이 멎으면 풀어도 되는 사랑일 때

생각나는 사람이기를

중간에 알고 가야 할 중간에 언제 또 이 길을 만날는지

그 갈라짐을 어루만지며

당신만을 위해 살아 돌아오기를 독이 올라 살아가기를

어느 날 보리수 밑에 떫은 듯한 불똥 한 접시, 당신 것일까

그러다가 손가락질을 해대며 불쑥 꿈에 나타나지는 말기

당신은 내게 너무나 첫사랑을 못한, 그렇고 그런 사람

떨기나무

돌이 두두룩하게 밀고 올라온 땅의 울혈 위로
수도승의 외침 같은
떨기나무의 메마름이 꽂혀 있다

말라버린 웅덩이가 괴로운 짐승처럼
옆으로 가 누워서 눈을 감는다

카지아도 정거장

비 오는 날
바오밥 나무 하나만으로 정거장이 되는
모두 점점이 떨어져가고
나 혼자만으로 한 밤기차가 되는
그러한 외로움을 내가 지나간단 말인가
비가 다 들이치는 창 없는 한 칸을

어항에 든 물레방아 같은 집
저 작은 돌집에 기름불빛을 붙여가며
모조리 배고프도록 기다리는
문짝도 없는 방에 아이들이 열꽃 돋은 어머니를 맞는
비 젖는 세상이여

다시 여기서
나 야간 낙타로 갈아타거니와
잘바닥잘바닥 마음에 자꾸만 밟힐
늙어서나 돌아올 사람들이여

다시 여기서

나 야간 낙타로 갈아타거니와

잘바닥잘바닥 마음에 자꾸만 밟힐

늙어서나 돌아올 사람들이여

민들레

백약이오름 암반 틈서리
민들레 하나가 오르다 죽었다

실낱같은 페달을 밟아
바위에 뿌리가 박히는 종자는
참 대단한 등외품일 것이다

고독의 입체적인 망명이다
시야,

옆에 핀 꽃에게 도리를 다할 필요 없는
너는 이제 민들레가 되었단다
바위에 떨어진
절름 절다 부스러진

某月某日의 별자리

알전구가 나간
찬 방 안에
파도소리 아물 때까지
별이 빛났다

한때 손이 닿던 기억들은
별자리 속에
나뭇결만 남은 것처럼
높이, 어두운 채로
반질거린다

내가 굴복하기 전에
이미 내 마음을 읽은 사랑들
사랑했다 하여도
떨어져서 빛나야 했을 당신들
한 사람이 한 사람을 위해
일생 속으로 울었을 어머니의 도시들

똑같이 나눌 수 없었던 밥의 슬픔들까지

오늘 저 별자리의 독거,
눈물 많이 지나가
물때자국 선명한
이 모든 某月某日

지상에 떨어진 두 상처의 별똥

용서해줄 텐가 딱히 더 내디딜 곳 없음을

감자꽃따기

네가 내 가슴에 가만히 손을 얹었는지 흰 감자꽃이 피었다
폐교 운동장을 일군 강설(降雪) 하얗게 피었다
장가가고 시집갈 때
모두들 한 번 기립해 울음을 보내준 적이 있는 시간처럼

우리 사이를 살짝 데치듯이 지나가 슬픔이라는 감자가 달리기 시작하고
따다 버린 감자꽃의 내면 중엔 나도 너도 있을 것 같은데
감자는 누가 아프게 감자꽃 꺾으며 뛰어간 발자국

그 많은 날을 다 잊어야 하는, 두고두고 빗물에 파이는 마음일 때
목울대에도 가슴에도 감자가 생겨난다
감자같이 못 생긴 흙 묻은 눈물이 넘어 온다

우리 중 누가 잠들 때나 아플 때처럼
그 많던 감자꽃은 감자의 안쪽으로 가만히 옮겨졌다

검은여

사랑이 쉬어간 내 엉덩이
엎어두었더니
영혼이 물처럼 눌렀다
다시 뒤집어놓자
영혼이 물처럼 흘러 내렸다

사랑이 쉬어간 엉덩이에서만
볼 수 있는 지도라고

보름 무렵 썰물 때에만 슬쩍 드러나는
검은여, 검디검은
비양도 앞 천살 먹은
물 속 바위가 말씀하셨다

뻘 앞에

뻘 앞에 세워진 우리의 살림집
라이터 불을 켜서
두 사람 신발을 마루 밑에 넣으면
말꼬리 치는 눈보라 공중에 뱃삯을 내고
지상에 떨어진
두 상처의 별똥
용서해줄 텐가
딱히 더 내디딜 곳 없음을

흙집 밑동 남루한 불에
뻘밭이 무늬를 굽는다

마음이 뛰면 감고

마음이 멎으면 풀어도 되는 사랑일 때

생각나는 사람이기를

얼어붙은 시

한 사람의 젖어가는 눈동자를
한 사람이 어떻게 떠올리는지 모르지만
사람들은 사랑한다고 말한다
그러나 과거를 잊지 말자
파탄이 몸을 준다면 받을 수 있겠니

숨 가쁘게 사랑한 적은 있으나
사랑의 시는 써본 적 없고
사랑에 쫓겨 창밖의 진눈깨비를 열고
얼음 결정 속으로 뛰어내린 적 없으니
날마다 알뿌리처럼 둥글게 부푸는 사랑을 위해
지옥에 끌려간 적은 더욱 없지

예쁘기만 한 청첩이여
목이 떨어지는 동백꽃처럼 좀 아프면 어때
아픔은 피투성이 우리가 두려울 텐데

순간마다 색스러워질 수 있는 것
그 모든 색 너머 투명한 얼음이 색색으로 빛나는,
색이 묻어나지 않는 색의
기쁨인 그것들

우리는 대못 자국 같이 아픈 눈빛이
맑디맑게 갠 다음 무엇을 보는지
여간해선 짐작 못한다

구애

겨울이 다 떨어질 때까지
기름을 태울
새까맣게 그을린

자식같이 아름다운 머리통이 들어 있는
고통이여

세상에 와서 우리
더없는 구애를 했다는 것은
말할 수가 있네

능가사 벚꽃 잎

어둠 속에서 여인을 본 날이었다
놀랍게도
이불로 끌어안은 것처럼
빗소리를 바짝 붙잡고 있는 모양이었다
낮술에 취해 비스듬히 베어진 남자가
물 묻은 가지를 짚은 채 여인 옆에 기대앉아 있었다
여인과 잠깐 눈이 마주친 동안
산벚꽃 잎이 날아왔다

빗소리 깔린 길
멀리 데려간 단 한 발자국만큼의 인연을
생이 지켜보고 있는 것도 같다 이미 울다 간 바 있는
봄, 사랑이 결정되기라도 하면
숙명이 책상다리를 하고 노랑 병아리 같은 것을 깔고 앉는

그런 전철이 있는 것 같다
서서히 기울며 지워지는

어둠은 그날 부러지는 소리가 나고 잎도 져 내리었다
한참 후
양쪽 발소리가 다른 여인이
입구 쪽으로 천천히 나가고 있었다

젖은 꽃잎이 날아 내리며 입구를 간신히 비추어 주었다

신음소리 없는 인연을 바랄 턱도 없겠지만
사랑은 병 깨는 소리에 놀라는
참 오래된 밥집만 남은 쓸쓸한 공원 같습니다

수선화 위에 내리는 눈

수선화 위로 눈이 온다
어두운 눈송이 하나쯤은 수선화로 피어야 한다

말라깽이 꿈을 하나 받아
녹는 자리에 다시 놓아주는

수선화는 한 방울의 눈이 단추를 단 주머니가 있고
그 안에 데데한, 기다리는 사람이 있어 병이 도지는
약조(約條)까지 있다

그러다 빙설(氷舌)이 도톰하게 밀고나오는
그 방에서 누가 잤을까

노란 단추를 끌러주는 수선화 안으로
적령기 넘긴 눈빛이 주춤주춤 끼어들고

대정향교 돌담 밑

당신과 희끗희끗 섞은 살이 거짓말을 하진 않았다

당신을 생각하면
사랑은 오직, 이라는 말로 꽃처럼 떠오르고 잠기는 바
가지 말라는 뜻이었다면 아, 그런 말이 세상에 어디 있나

그중 검은 눈물 든 한 송이가 피는데 어쩔래
저 꿈의 한 잎이 마저 지면
그 잎 쓸고 가는 누군가는 마냥 절버덕댈 것인데

큰눈 오는 날

스승을 만나러 다리를 건넌다

은박지 반쯤 벗긴 껌을 입에 대드리던
겨울
스승은 누워서 책을 읽으셨다

개 발자국 찍힌 대문 앞이 도롱이처럼 펴지고
붉은 지붕 밑에서는 눈이 수직으로 내렸다
여름 지나 일어나 앉은 스승은
팔을 수평으로 뻗고 기울어지는 몸을 기댔다
오늘은 얼추 눈 마당과 눈높이가 맞는 거실에서
소파에 앉은 채 젖어 계셨다

마당가를 따라
젖은 눈 옹이를 여러 개 품은 소나무가
큰눈 받는 걸 내다보며
스승은

홀로 연필을 깎는 것으로 버티고 계셨다

큰눈이 오는데 다리를 건너길 잘했다
노트 첫 페이지를 펴드리듯
마당의 눈을 쓸어드리고 돌아왔으니,

큰눈이 오는데 다리를 건너길 잘했다

노트 첫 페이지를 펴드리듯

마당의 눈을 쓸어드리고 돌아왔으니,

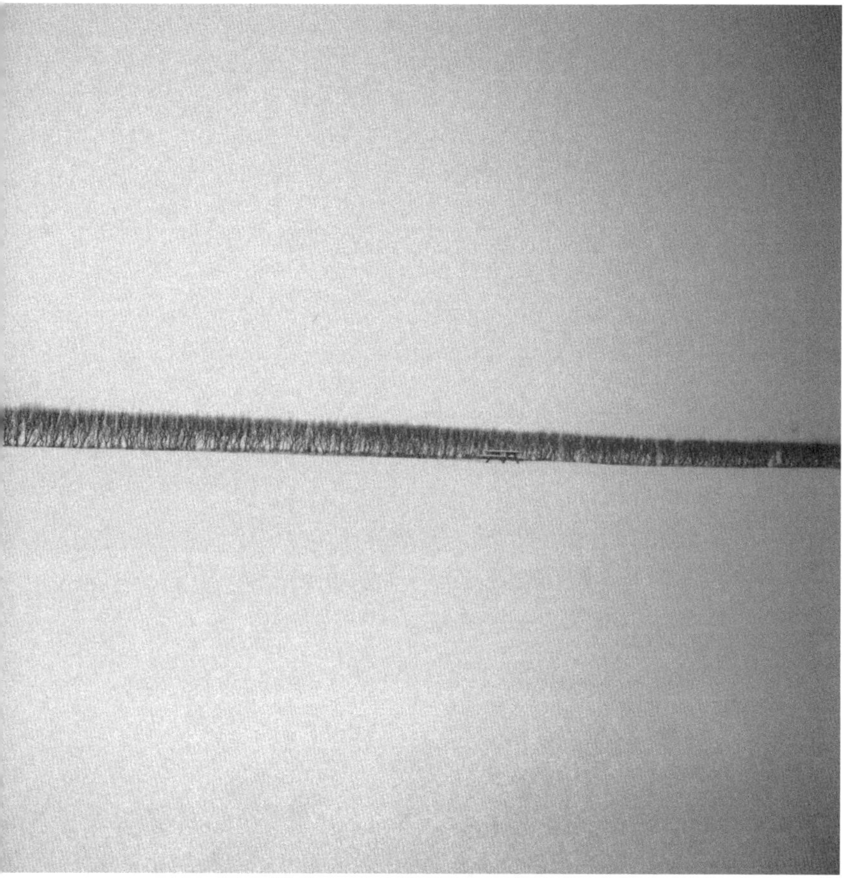

집

뺄 앞에 이삿짐이
있었으면 내게
많은 객지가 있었던 것이지.

그 허공의 물살에 씻는 드넓은
풀밭의 노래가
나의 영토였던.

나의 영혼이었던,
내가 받아준 동안의
모든 가출이여
식은 사랑을 배 깔고 허우적인
욕망의 팔 벌린 녹음들이여.

어제는 너희가
빨래판에 빨래를 문지르는 나의
앉은 무릎과 엉덩이의 골이 진 슬픔을

낳았었나, 그렇게 무겁고 둥그런 것을.

바람이 대부분 나의 장례를 치르고
떨리는 생의 허허벌판을
불어가는 사이에, 집이라고는 오직
강진이 있었던 것이지
정말 백설 펄펄 내리는 날이다.

집은 오늘 저녁
가슴에 철렁 떨어지는 것들을
비스듬히 개펄에서부터 받아 앉힌다.

뻘 앞에 이삿짐이

있었으면 내게

많은 객지가 있었던 것이지.

2

나는 밤 두 시에도 버스를 기다린다

버스를 기다린다
밤 두 시 비로소 불을 끄고
아주 조그맣게 남아

한쪽으로 쓸쓸한 꽃 같은 기도를
오래오래 가슴에 앉히며
내 빈방의 구겨진 길로 달려오는
환한 차창의 버스를 기다린다

풀뿌리 밑 같은 제일 낮은 데를
홀로 적시고 있는
이 진창, 이렇게 어둠 많은 데를
그리운 이여 찾아오고 있는지
밤 두 시 늦은 버스를 기다리면

묵묵히 견디고 있는
풀씨 파묻힌 마음 언저리

말이 되지 못한 채
사랑이 외로워지고
때론 모래를 등에 업은 듯
허전한 자취들이 무거워
세상을 다 헤맨 듯하다

해명되지 않는
삶의 틈서리에 앉아
이 밤 고개를 들지 못하는 남자의
뒷등을 따듯이 덮어줄 이여

그리움이 깊고 또 멀리로 떠나려는
이런 시간엔 반드시 어디쯤에서
내 사랑을 기다리게 된다
아직은 가질 수 없고 잊을 수 없는 사랑

행복했었다는 말

옆 테이블에서 행복했었다는 청년의 말이 들렸다
저 말을 위해선 가게 문 닫힐 시간이 와야 하고
문틀에 찧은 얼굴로 문을 나갔다 들어와야 하는데

말을 해놓고 다물어지지 않는
상악은 길이가 다른 문설주가 받치게 되는 셈이다 삐긋대며

밤바다에 둥근 달 뜨는 일이란
누군가의 눈을 내 눈과 구분하지 않는 일인데

떼꾼해진 남자의 말 한 마디 홀로 간다
당신을 기다린 사람만도 못한 사람이 되는 거라며

깡통 의자에 앉은 취하지도 않는
두 사람의 높이까지
파도는 제 몸의 관절들로 다시 기억을 꺼내오듯

격렬해진다
슬쩍 창을 넘어 주거나
누군가에게 업혀서라도 한 문장 안으로 들어가야 할 텐데

촉을 나눠가질 수 없는 사랑이라는 이랑에
한껏 구르고 한껏 구르다

달아날 수 있는 다른 이름은 무엇일까, 행복이란

두 사람이 있다
두 사람이 살았다
늦은 밤 두 사람을 일으켜 세울 수가 없는
행복이라는 말을 두고

드럼통 테이블 위에 턱을 괴는 일로
앉아서 무슨 소용일까 저런 말을 왜 여기 와서 할까 싶지만

그런 막말을 하고 또 누가 겨울 바다를 바라보고만 있을까

달강

새벽녘 강을 비추는 달빛이 내게 있어
달강이라 하고
살이 아픈 곳
같은 곳을 흐르고 스미게 한다
갈대가 흔들리면서
오늘은 자국눈 내려
나는 달강을 자작나무 밑에 오게 하련다

누군가의 눈앞을 지나간
새가 후루룩 가지에 앉으니
이 밤 우리는 달강을 함께 볼 참이고
우리는 깔린 눈 위의 달강 자국이라고도 하리라
구름의 숲이 몸을 열기 전에
은빛 발굴자인 달이 고삐를 한 번 잡아채주려니

세상에 흐르는 달강을 사랑한 우리들
어디부터 달강인가 짚어가는 마음 따라

눈 뿌려가며 갈대를 젖혀가는
바람의 걸음 중 어떤 걸음이 웃고 우는 걸
여기서도 시청한다
갑자기 눈앞에 달강이 나타나
자드락길에 선 자작나무에 걸리는 시간
모양이 나오기 직전 만물은 제 가슴을 흔드니까

달강에 뛰어들려다 보면
생각나던 것—
땅에선 달을 잃기 쉽네 달이 늘 둥글다면
달강이 내게 있다는 것을 믿지 않겠네
달강이 변하면 쓸쓸함이 되고
달강이 넘치면 死境이 되었다
그러다 공교롭게 달강이 없다는 말 또한 있으리라는 것
그렇다면 달강을 뭐라 할 것이냐
달강 깊숙이 홀로 앉아

백설이 다시 내리면
달강을 못내 잊을 수 없는 감촉이 닿는다 달강은 흐르고
흐른다 부러진 갈대 위에 찍힌
발목 꺾인 작은 새의 몫까지

종이 거울을 보는 남자

흰 도화지를 둥글게 오려
벽에 붙였다

나는 이제 누구의 마음도 훔치고 싶지 않아
때마침 내 안의 멍울에서 우려 나오는 노을빛을 바라보는 것인데,
믿지도 않는 얼굴
가볍고 낡은 악기 주자의 옷자락을 붙들고
허공을 헛디디며 내려오는 바람이 마른 붓으로 쓰다 지우는

종이로 만든 둥근 거울을
하루 한번 들여다본다

얼굴이 비치지 않아
때론 뜨거워지지만
어딘가 뚫린 것도 같지만

누구의 입김도 서리지 않아
찾기만 한다면 그것은 진짜 나에 가까울 것이다
바래긴 해도 종이 거울은 깨지지는 않을 것이다

이삿짐 중 단 하나 가방에 넣어 직접 옮기는
흰 종이 거울

책꽂이 사이로 어둑어둑 밀물 드는 날
어떤 얼굴은 이처럼
우리 마음이 가진 몇 개의 둥근 우물의 백지로부터
소리 없이 발효되는 따뜻한 밑바닥으로부터
그리하여 몇 줄의 시로부터

小雪

눈발이 지나간 산길은 춥고 미끄러웠다
산등성이의 갈대는 바람 가운데서 날 쳐다보았다
가고 싶은 쪽으로
심하게 흔들리는 것도 같아
나는 갈대의 아랫도리를 벗겨 주었다
하늘 모퉁이가 삐걱대자
금방 어두워질 듯 했다
언 땅의 무릎 사이에서 차란해지는 갈대
정상에 사다리를 붙인 화재감시소가 있어
다리 흰 갈대를 안고 그 방으로 가고 싶었다
눈 녹은 물 젖은 데서 새가 다리를 뻗으며 날았다
갈대의 허리 아래를 벗긴 게 흉이 될까봐
하산하는 등산객 몇을 나는 돌아봤다
갈대의 물컹한 고름을 손에 쥐어보았다
하얗게 벗고 선 갈대 안으로 들어가기 위해
나는 상하고 부러진 말에 침을 묻혀댔다
어디 가서 이렇게 바람에 휘는 다리가 될 수 있을까

바람을 데리고 노는 아름다운 복부가 될 수 있을까
구불거리며 갈대밭에서 나오자
금빛으로 주저앉은 물굽이—
한참 후 내 입에 물린 갈대는 평지에서도 물려 있었다
살내가 마음 없인 이렇게 극진하게 따라 내려올 수 없다고
긴 밤내 생각하는 小雪 무렵이었다

마음

나 없을 때 돌아오시거든 길 끝에 있는 나무

굽은 동백이 성냥 켜줄 때 들어가세요

불이 붙는 소리 수몰된 여자 마음 불러오면

고개 들어보세요

투덜거리며 신을 신고 가는 입술

그믐께 하늘을 쪼르르 달릴 거예요

나 숨이 차서 먼저 떠납니다

보초 세운 골목에 마음은 늘 주춤주춤 당신을 맞을 테지만

아직은 이른 봄, 물이 차갑습니다

물은 아직 수족이 차다는 것을 모를 때이죠

꽃향기

나도 걸어왔지만 습지
주체 못할 줄기가 나고
몸 패인 데 꽃송이

꽃 피는 일은
모든 모퉁이에서
살아서 다치는 일이었는데

피었다
어디로 가느냐
모를 일이지만
지지 않는 것이
길뿐이지 않겠느냐

신발에 붙었다 떨어지는 일생의
개흙으로
빨래한 상처만

오늘은 향기롭게 가고 있네

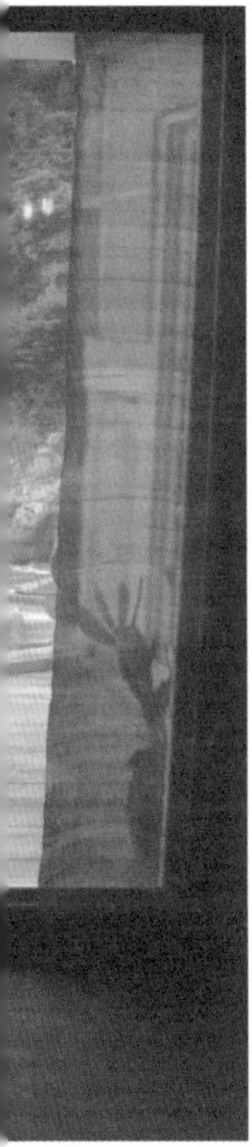

꽃 피는 일은

모든 모퉁이에서

살아서 다치는 일이었는데

어떤 작곡

숨죽이고 있는 어떤 곡이

수중에 여무는 중이라는

생각에 빠졌다

무더운 슬픔이 구덩이를 안고 담팔수 나무 밑에 쓰러졌으니

곡을 살리고 있다고 할까

고요가 곡(哭)한다고 할까

그게 사랑이라면

짓고도 하염없는 것이라면

생머리를 질질 끌고 내려가 연못구덩이에 넣은

내 곡이 맞다

그 밖의 웬만한 일들은 잊을 수 있는

수련을 덮은 검은 못 속에서

밟은

빰, 맞은

소리가 산다

.

하숙이란 남산 아래 잔다는 뜻이고

몸이란 흠집은 언제나 바닥 잠을 잔다고도 했다

내일 오늘 어제

눈은 살짝 동백 고목 꽃 지는 거리로
몰리는 중
점등, 뒷길이 된 그 길
그 모퉁이는 동백이 떨어지기를 기다려
가까스로 밝아졌다

당신 없는 날들이 동백 몸매를 보고 있는 중
동백꽃은 너무 예쁘게 진다고
노인이 먼지덩이를 훌훌 털고 있는 것 같다
흙길을 달려온 우묵하게 눈 들어간 말 한 필이 있는 것 같다
여행 다녀오다가
영문도 모르고 밝아지는 말똥도 거기 하나
있는 것처럼
눈은 누렇게 물이 든
불빛을 밖으로 디밀고 내린다

당신이 어느 날 물어물어
이 약수터를 찾아올지라도
늙은 동백, 문 닫은 과거를 지나
그러지도 못했던 과거를
망설임처럼 데려가고 있는 빛바랜 동백 우표뿐일 것이다
동탕하게 생긴 첫 부끄러움은 턱없이 멀 것이다

꽃 턴 꽃가지 같은 고집
당신에겐 그런 표정이 있고
늙은 동백 질 때 유과 깨무는 소리로
눈발 섞여드는 그런 시간은 당신을 납작납작 받고 있다
어제 오늘 내일, 우리의 믿음은 분명 사랑과 같지 않으리라

어느 목수의 집 짓는 이야기

기적처럼 바다 가까운 데 있는 집을 생각하며 살았다
순서가 없는 일이었다
집터가 없을 때에 내 주머니에 있는 집
설계도를 본 사람 없어도
집 한 채가 통째로 뜨는 창은
미리 완성되어 수면에 반짝였다

나무 야생화 돌들을 먼저 심어
밤바다 소금별들과 무선 전화를 개통해 두고
허가 받지 않은 채 파도소리를 등기했다
하루는 곰곰이 생각하다
출입문 낼 허공 옆 수국 심을 허공에게
지분을 떼 주었다

제 안의 어둠에 바짝 붙은 길고긴 해안선을 타고
다음 항구까지 갈 수 있는 집의 도면이 고립에게서 나왔기에

섬들을 다치지 않게 거실 안으로 들이는 공법은
외로움에게서 배웠다

물 위로 밤이 오가는 시간 내내
지면에 닿지 않고 서성이는 물새들과
파도의 도서관에 대해 이야기했다
개가식으로 정렬된 푸르고 흰 책등이
마을로 가는 징검다리가 되어줄 수 있을까

순서를 생각하면 순서가 없고
준비해서 지으려면 준비가 없는
넓고 넓은 바닷가
현관문이 아직 먼데 신발을 벗고
맨발인 마음으로 들어가는 집,
내 집터는 언제나 당신의 바닷가에 있었다

깊은 맑음

댓잎처럼 수북하게 날리어 가난뱅이가 되렵니다
우수수 져서라도 당신을 좇습니다
층계 때문에 배달도 안 오려는 산동네
이렇게 원했습니다
밑창이 벌어진 나의 구두를 들고 달이 왔습니다
오늘 밤은 참 인생의 귀여운 부위,
댓잎으로 날리어 당신의 드높은 우물에
나 무수히 뜨겠습니다
캄캄함보다 더 깊은 맑음을 풀어서

섬들을 다치지 않게 거실 안으로 들이는 공법은

외로움에게서 배웠다

아끈다랑쉬*

억새들은 억새가 분명한 억새끼리 말하는 중이지만

한 줄의, 가느다란
자기만의 구멍을 불어보는 억새
거기 와서
물에 빠진 우리, 라는 발들

다들 가까운 사이 아니었나
미안해서 옆에 그냥 서 있는 억새를 붙들고
말이 꼬이도록 울지 않았나

나는 기억하지
바람이 그린 억새의 나이테
그리고 같이 뒹굴거리며
꿩, 들쥐가 드나들어 닳아오르던 하루

그리고 뿌리와 발 사이의

어둑발 속에 생각의 화염 속에
한 억새가 한 억새를 어루만지려
같은 방향으로 흔들리지만
같은 피리를 쥐고 부는 것도 아니라는 것

겨울난 새도
어디선가 저는 다리를 뻗으며 제 이야기를 하겠지만

욕망 속에 더 진하게 이해했던
바람 아래
우리

그렇게 외롭지만 않으면
뜻은 몰라도 되지 않나
내 사랑에 대해선 아무 말 안 하게 해줘

*제주시 구좌읍 세화리에 억새밭으로 이루어진 작은 오름

밑창이 벌어진 나의 구두를 들고 달이 왔습니다

오늘 밤은 참 인생의 귀여운 부위,

댓잎으로 날리어 당신의 드높은 우물에

나 무수히 뜨겠습니다

협궤

집 앞에 뜬 섬들
틈을 비집고 기관차 없는 협궤가 지나간다

협궤 지나는 그 길이
어떤 섬을 잠재운 일이 있고
귀를 잡고 일으켜 세운 일이 있다

풍경(風磬)을 때려 이를 부러뜨리고
잠 못 드는 밤을 따라 흉곽을 지나간 적이 있다

갈매기 똥이 허옇게 덮인
그만 오므린 섬의 무릎 사이에
상스러워지려는 석양을 올려놓은 일도 있었을 테다

말의 수레를 모두 빠뜨린 수평선으로 협궤가 몸을 옮긴다
수평선은 오늘 모노레일
평생 받은 물소리를 꾸역꾸역 흘려보내며

내 안에 간신히 당신이 멎는다

협궤뿐인 나
나뿐인 당신
한쪽이 파인 달이 섬들 속에서 씻겨 나온다

섬

발자국 없는 선인장처럼
꽂혀 있다
자리 잡은 파랑,
섬

친구를 만들 듯
섬을 만들기 좋은 가을
먼저 제비를 따라갔다 온 울룩불룩한
풍랑의 말을 붙여본다

부르는 이름으론 알 수 없지만
여기선 키가 작은 선인장이
더 오래 산 선인장이다
제 몸을 먹이느라
소리 없이 키를 줄였다

새들과 어부들이 돌아간 후

모가지만 남은 몸을 물살에 뒤집어보는
어떤 섬을 나는 만들고 있다

손목에 바늘을 꽂고 있는
선인장,
발자국을 거둬들인 어떤 섬을
나는 처음처럼 사랑하고 있다

마음의 한 무덤 올라붙은
유아독존을
파도가 어루만지다 내려간다

겨울비

가로등이 막 켜지는 무렵 맹인노파가 나타났다
이어서 비가 왔다

그녀의 손을 잡고 들어간 지하철역 구내
그녀는 갈 곳이 없다 하였다
나는 갈 곳이 있었으므로 서둘러야 했다

맹인노파 눈동자 속의 겨울비 앞에
나는 신문을 사서 자리를 깔아주었다

비 내리는 이 겨울이 다 흐른 뒤에 토종 해바라기만한 등을 보이고 앉는 그녀의 옆자리를 지켜줄 굳은 데가 생겨주었으면
서둘러야 했으므로 나는 단지 바랄 뿐이었다

지하도 계단을 올라오며 돌아보니 신문지 바닥엔 두 사람이 있다

누군가 귀먹고 팔 하나 없는 나를 부축해 앉혀놓고 간 것 같다

사람이 있다는 신호가 간다

가시나무 숲에 가루눈을 청해놓고
비누질을 하듯 새가 가지를 옮겨 앉는다

어디선가 방을 옮겨 다니는 그대가 없다면
새도 나처럼 아픈 걸 몰랐을 테지

어제보다는 춥고
엊그제처럼 춥지는 않다
내 날일이란 아무래도 그대의 발자국 위에
발소리를 얹고
눈언저리에서 그대 곁으로 긴 먹줄을 놓는 일

육일 동안 일한 사람이 눈 속에 있다는
신호가 간다

길 밖으로 나간
눈의 조류 위에 음유가 날아다니네

이런 날 무슨 일이 날 것 같은
미색의 고요와 마주하면
그대가 몰래 보여준 발은 발가락이 잦혀 있었다

묵즙 같은 허공에
목발을 내리고 앉은 순간의 발밑
평화롭기까지 한 가시나무 숲의 눈

가시를 쥐는 법이 너무나 예쁜 그대에게 빠져
가끔은 여기서만 보이는 단안시(單眼視)에 한 발을 넣어버린다

새순 돋아날 자리에 가장 많이 쌓이는 눈을 보며
그대는 한 주일 전에 반대편에서 길을 떠났다

두 번째 가는 정선

처음 가던 정선 고랑 파듯 고불탕고불탕

마음으로는 벌써 다녀온 귤암리 가수리 많지
아무리 못 만들어도 저렇게 못 생긴 소나무 하나는

물 내려가는 산자락에 낳을 수 있겠다 싶은

할머니 마음에 따라붙는 동강할미꽃
가는 팔목이 어여 어여 목줄을 당긴다

여기 어디쯤 5백 평은 너무 큰 땅
그 땅 쓸만한 시간이 있어서 어디엔가 당신이 살고 있을까

지겟다리를 받친 고목의 허리가 떠오르고
해는 빈 도시락 가방을 들고 기울었다

허벅지 훌쭉해진 시골 저녁에만 떠오르는 길을

어디선가 갈 수는 있겠지

땅에 관해서는 물이 알아봐 줄 일이다

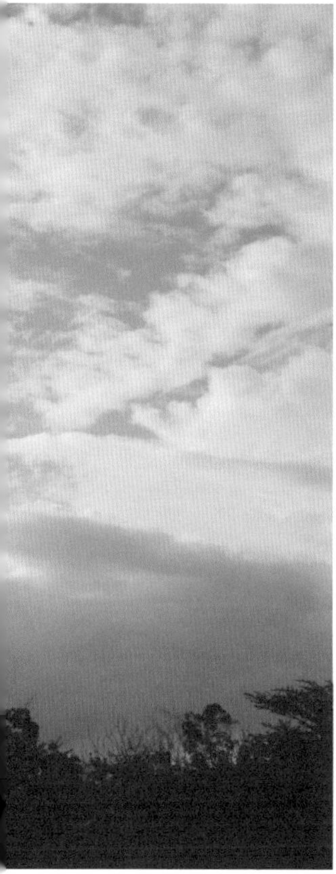

여기 어디쯤 5백 평은 너무 큰 땅

그 땅 쓸만한 시간이 있어서 어디엔가 당신이

살고 있을까

키스

혼자 가는 죽음이

한순간 둘로 목격되는

키스 키스

깨물린 입가에 눈이 가는지라

태연하게

백설 내린 가슴의 보리순으로 너의 발 앞에 두루마리를 깔아보자

낮과 밤이 지난 뒤에도

어디선가 밥물이 넘고 입속에 넣어주는

노동하는 긴 손가락,

솔기 미어지는 사랑은 어디까지인가

길길이 뿌리치며 소리치며 함께 먹는

백반과 사이다

얼굴에 바퀴 자국이 모두 지날 때까지

입술은 촉촉이 부디 입술은 촉촉이 남겨두자

다음에도 선을 넘는 꼬부랑글씨는 입안에서 각설탕처럼 녹는데 마음에서만큼은 모호하려나

향하는 곳을 모르는 사이로 자고 싶은 배려가 키스를 달군

달콤한 말썽뿐인 날들

한 알의 가루가 깔때기 속으로 내려가듯

우리 키스는 어딘가로 이끌리리니

사랑한다는 것은 그걸 사랑한다는 것이었다

저녁의 연인들

침대처럼 사실은 마음이란 너무 작아서
뒤척이기만 하지 여태도 제 마음 한번 멀리 벗어나지 못했으니
나만이 당신에게 다녀오곤 하던 밤이 가장 컸습니다
이제 찾아오는 모든 저녁의 애인들이
인적 드문 길을 한동안 잡아들 수 있도록
당신이 나를 수습할 수 있도록
올리브나무 한 그루만 마당에 심었으면

진흙탕을 걷어내고
진흙탕의 뒤를 따라오는 웅덩이를 걷어낼 때까지
사랑은 발을 벗어 단풍물 들이며 걷는 것이었습니다
사랑이 아니라면 어떻게 안는지도 몰랐을
매순간 당신이 있었던 옹이박인 허리 근처가 아득합니다
내가 가고,
나는 없지만 당신이 나의 멀고 먼 끝으로
저물다보면

역 광장 국수 만 불빛에 서서 먹은 추운 세월들이
쏘옥 빠진 올리브나무로
쓸어둔 마당가에 꽂혀 있기도 할 것 같습니다

당신이 올리브나무로 내 생에 들러주었으니
이제 운동도 시작하고 오래 살기만 하면,

지장천을 보며

더 검으면 더 강할 지장천변의 삶에
간 치지 않은 건대구 길쭉길쭉 뜬듯
진눈개비 떨어질 때
어디엔가 두고 온
벌벌 흔들리는 검은 핏덩이들의
서럽도록 뜨겁고 징그러운 것들의 밑불로 살아 있는
사랑이라는 말의 뜻은 알았지만

완행이 놓쳐 버린 소읍의 시간
딸라 이자처럼 늘어나는 눈발 속으로
사북 3리 검은 다방 안에 앉은 나의 사랑은
아 나의 사랑은 언 정육처럼 유리 안의 꽃처럼 의견이 없다
아니면 구두처럼 닦은 나의 절망이란 것도 너무나 세련된 것이지, 아니냐
혼자서는 아프지 않은 편지를 쓰며
입술은 눈물을 깨물며 어딘가를 찾아가는 것이냐
병반 광부와 을반 광부가 교대하는 이 시간에

사랑이라는 말의 뜻은 알지만
심산유곡에
아아아 아니다 버스가 없고 기차만 가는
사랑을 마련하지 못한 밤에

여행자

골목이 많은 남산 밑에서
발간 구름장을 나라고 생각하며
별다른 밤이 아닌 날 벗이여,
싸리꽃 심은 화분을 안고
네온등 사이 골뱅이집 뒤편 하늘을 올려다본다
건물 옥상에 때수건 같은 바람 한 장,
코로 넘어오는 물처럼
굴다리에서 나오는 내 숨결엔 약전류 돌고

거리엔 어둠에 넘어져 잠깐 몸이 뜨는 내상(內傷)과
억울하게 수영하는 몸들의 열기

그리고 약수터 반대편 플랫폼에 나 같은 남자가 서 있을 테니
물젖은 바람의 영혼이여
어느 역 화장실에 데려가
빈속에 구겨 넣은 깃털을

한번은 감겨야 한다
도무지 역이 끝나지 않아 모두 가장 먼 고장에 가 묻히니

무인지경을 한 점 배경으로 걸어둔
집에 가면 상보에 덮인 모래밭이 나오고
그 자리에서 바람의 낙관(樂觀)을 향해 흩어지곤 하는 긴 여행과 싸운다
기껏 가선(加線)에 꽃을 하나 그리거나
평생 외우고 싶은 풀꽃들의 이름을 걷는 것인데

지저분한 식탁보와 갓등 사이
얼굴을 묻고 앉아
구들처럼 꺼져가며 굴뚝처럼 안에서 나는 소리를 어딘가로 보내주기로 하고
내 피는 소식(小食)을 하고 있으며
내 몸은 낮은 임대료를 주고 있으며
또, 또 그러고 있으니

벗이여 또 궁금하면

주소는 싸리꽃을 좋아해 빗자루를 매는 남산의 시인이라고 적어보내게

다른 사람이라면 하숙에 촛불을 켜두고 여행을 다닐 리 없잖은가

그해 오월

초하루 벼락 먼저 끼얹고 오는 정월
길에 깔리는 어둠은 씨근덕거리고
길게 따라가면 나루터도 얼어들어
술집들만 등빛에 어슬렁거리고 있다
고작 이쯤에서 씹할 힘도 없이
그냥 어디론가 우리는 걷고 있었다
어머니 열 손톱이 마른 대추로
쪼그라져 있었다는 이야기,
놋수저에 한숨 뱉아가며
그 한숨 옷소매에 닦던
어두운 지문, 반쪽 달이 아니었을까
그런 이야기 해가며
그해 오월은 완전한 과거가 될 수 없고

도청 앞 분수대 근방이나 충장로 우체국 앞
벌거벗고 있을 이유가 없는 계집년이 하필 거기 있어가지고……

어머니는 말을 마치지 못했다

아니다,
지금 성한 것은 영원히 성한 것이 아니라고
내 믿음을 섣불리 말하면……
우리 안 미쳤어, 눈물이 나고
웃음이 나왔다
그해 오월에 모두들 안부를 물었던 사이 아니었나

참 예쁘다, 못난 시

그만 자,
라는 찡한 말
분장을 지우고

물 한 모금, 행을 맞추고 혹은 나누고
잘 자
사이렌 소리 들으며 그만 이대로
시를 쓰는 밤에 나오는
그 말

참 예쁘다

빗물에 고인 이층집
일층과 이층 어디에서
모두들 나뭇잎 한 장으로 잠에 들 때

정거장에 나가 있는 얼굴이 아까운 가을이여

마음을 돌리고 전화번호조차 갖지 않은 사람의 불빛은
작달비를 건널지

결코 에두르지 않을
죽음과
날마다 나란히 일어날 테니
눈먼 내일을 둘러볼
양초 토막이 찾아보면 어디 없을까

간유리를 통과하지 못하는
빛에 알맞은

사는 일의 행간엔 죄다 시 쓰는 사람뿐이라 해도
참 예쁘다 못난 시

사람이 절망할 때, 아주 조그맣게 빨려들어
가고만 싶을 때
불륜의 아기를 가진 시대의 먼 길 앞에서
급커브를 도는 흰 화물트럭.

눈보라

해진 옷에 심하게 내리는, 옛날 가슴의
붉은 해를 지우는 눈보라
사람이 절망할 때, 아주 조그맣게 빨려들어 가고만 싶을 때
불륜의 아기를 가진 시대의 먼 길 앞에서
급커브를 도는 흰 화물트럭.

내가 드디어 하나님보다

생일에 카스텔라와 함께 부쳐온
편지를 읽고 있는
쉰내 나는 나의 저녁상
때로 시간은 이야기가 시작되기 전으로 가
학교도 안 다니던 시절 배고픈 다리* 밑으로
물고기 두 마리 보리떡 다섯 개를 싸들고
소풍도 가고

먹어도 안 먹어도 배가 안 고픈 예쁜 어머니
감은 머리를 가장 가지런히 자르면
고물장수 남자에게 가져가곤 했다

물에 말은 밥을 뜨다 담배를 물면
성냥 불꽃이 순간 손목을 잡는 것이 고맙고
상 위에 비지, 아 눈물도 있군
그대 허연 단발머리…… 타래
내가 드디어 하나님보다 뜨거워지고

쓸쓸해지는 것 같다

*광주광역시 학동에 있는 홍림교의 별칭.

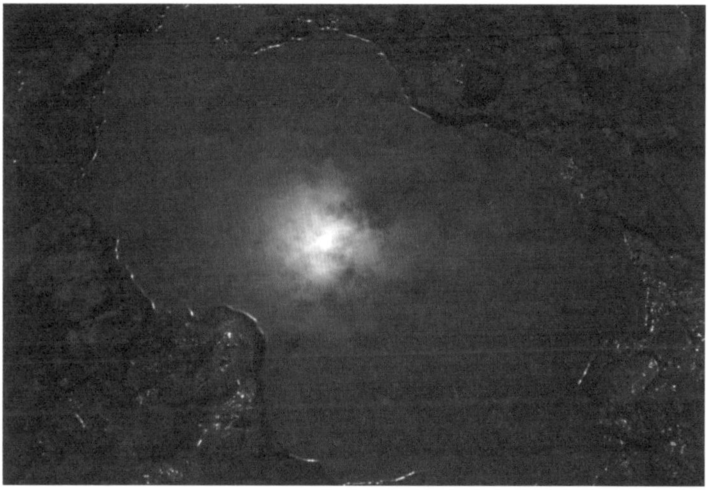

연근, 이라는 말의 뿌리는

치마를 발목까지 펴고 앉은
연근 파는 행상의 발 앞에
나도 따라 앉는다
갱지를 까는 볕이 조심스럽다
우리는 마주 앉아 있다
마주보고 있진 않지만
연근을 고르며

내 손이 가만히 스친
그녀의 손가락 끝,
어디서 본 듯한 마음이란
저 손가락 속으로 따라 들어가 보진 못하고
연근 구멍이나 만져보는 일인데

엄지손톱이 빠진 먹먹한 연근을 고르듯
더듬거리며
동그랗게 모여 자란 여러 개의 허공을 만져본다

진펄에 박혀 자란 무한의 간격을
무한으로 밀며 나오는 가시연꽃의 바닥을

꽃이 줄기 속으로 다시 파묻힐 때가 오겠는데
저 발이 밟고 앉은
까마득 안 보이는 된비알에서
꽃이,
수득수득해진 오래된 사람
제 눈망울을 들여다본다

이 둥근 별의 수조

아래로부터
둥근 별의 아래로부터

위로부터가 아니라
아래로부터

눈물이 차올라
눈을 씻긴다

둥근 눈의
티끌 흘려보내고
뿌리를 씻기며

누군가 촛불을 켠다
아래로부터

안약을 넣듯

사라진 꽃과 관계해서
내가 아프다

하루

계속해서 한곳에 살고 하루가 간다
정신이나 밥상을 차리는 일일까 다 같은 이름일까 하루란

입는 옷은 같지만
날마다 길이가 달라지는 세상 한 귀퉁이에 걸친 채 뻗대고 살고

벽에 걸린 몸의 윤곽은 아픈 데를 다린 것이다
살아서 죽기까지 하던 날도 있었지만
숱하게 죽어서 살아가는 일이라도 마다하지 않았다

그때 참, 괴로움의 궁극에 내는 신음 소리가 유리했던 건 사실이나
그런 시도 간 곳 없고

누구나 시간에 말려
결사를 몇 번이나 하는 순간을 사는 건데

오늘까지는 변화가 빠진 것 같고
내일부터는 변화가 없을 것 같다

물크러지는 냄새에
영혼인가 싶어 제 살 속으로 젓가락을 찔러봤던 잘못이 가장 이상하다

하루치 재난을 훔쳐
십자목에 달린 두 팔과 두 다리를 물끄러미 내려다보고 있다

내 안에, 후르르

회오리바람 많은 들에
잘 누워 있는 긴 호수가 있었지요
헬멧 같은 언덕을 나는 보고 있었습니다
나도 가끔 돌뿐인 언덕 위에 올라가
나를 등지고 나무 같은 것을 보여 주려 했으니까
뒤집힌 내부처럼 피어 있는
호수를 눈물겨워 안 했겠어요
엉덩방아를 찧고 일어나지 못한 마음처럼
갈대뿌리들이 들린 채 떠있었습니다만
아 예뻐라
노랑어리연 옆에 이상하게 생긴 비밀이 하나
언제부터인가 참새만 하게 앉아 있었네요
역시 그 속 어딘가에도 실마리 없는 운명 하나가
몸을 솎아 제 속을 털어내고 있는 중 아니겠어요
네 갈래 길에 돌로 눌러둔
이정표가 기울어지고 있었습니다
몇 해 전 부리가 가장 날카로운 회오리바람이

이 호수에 와서 겨우 멈추었지요
그때 내가 만났던 그대가 후르르 날아갑니다
아무도 볼 수 없게 내 안으로

서귀포에 홍매가 피고 이순은 듣는다

이삼일
눈 내리는 틈으로 꽃이 핀다

틈새를 가르고 나오는
꽃의 경련
거짓말 같은 둥긂을 귀 기울여 듣는다

맨 나중과 제일 먼저 대화한
갓난 꽃이 피었구나

하얗게 내리는 진흙 송이를
눈에 찍어 바르며 가는 기러기
기러기 날갯짓에도 꽃이 부푼다

아주 삭는 듯
아주 잦는 듯
작년에 가던 순서대로

눈에 씨앗을 받아드는

이순

둥긂의 초성(初聲)을 귀 기울여 듣는다

엉덩이

엉덩이 내놓고 살아본 순간들이
몹시 파인 길에서 차가 튈 때처럼 다가왔다
도중에 몸을 내려놓을 수 없는
해지는 쪽으로 가는 코끼리와
얼룩말들
터벅터벅 사막을 밟는 엉덩이와 엉덩이 속에 든
주름진 옹이를 보았다
오줌을 누고 들어오다
숨을 탁 멎게 하는
전면이 모두 열린 킬리만자로가
빙박한 영혼의 배 한 척인 것을 알아차린
그녀의 엉덩이도 주름이 깊다
사막 어딘가에서 수습되어야 할
꽃처럼 떠 있는 모든 동물들의
눈동자에 노을이 비칠 때
어디서 무슨 일이 있었든지 우리는 가야 한다
제 몸의 생가지로 불을 지펴야 하는

마르고 어둔 땅 위에서
우주의 꽃받침께
밑에 우물을 흘려주는 언덕 거기까지

노을을 위한 謹呈

꽃에서 꽃물을 들어내는 눈에나 보이는
묘한 다저녁때

당신이 맑은 보석을 맡기고 간
하늘의 전당포에도
물결은 북을 치듯 울렁인다

객지가 이렇게 넓은데
찾으러올 일을 생각해 보는 때마침의 노을빛이란
망연한 인연의 이목구비일는지 모른다

눈을 뗄 수 없어 끝이 안 나고
발이 떨어지지 않아 지지 않는
이별들

가는 자에게나
남는 자에게

꽃다발은 묶이지 않는 꽃들을 남겨둔다

노을은
당신의 애달은 얼굴을 메우고 흘러내린다
섬섬옥수라는 굳은 데와 터진 데를 다 지난다

퉁퉁 부은 눈으로 왔다는 사실과 상관없이
점성(占星)으로는 사랑운이 아직 있다고 이야기해 줄 것이다

밤이면 요 위로 나란히 괴어들던 우리도
어느 한쪽의 소식이 끊어져
한동안 서로 인질을 놓치는 사이

어린 어머니여
내가 갈 때까지
육신이라는 화단은 더 망치지 마시구려

가는 자에게나

남는 자에게

꽃다발은 묶이지 않는 꽃들을 남겨둔다

반지하의 눈

잠이 오지 않아 눈을 뜨고 누워 있었다
반지하에서 일하러 나갔다가
반지하로 돌아와 누운 연장처럼

반지하 방 앞으로 기차가 오고 갔다
눈 쌓인 내 반지하보다 높을 수 있지만
면적이 없는 사람들의 화물을 실어 나르는 하루도 지났다

가야 할 길이 먼데 벌써 가버린 것 같은
용도가 사라진 오래된 하루가 선로 밖으로
떨어지곤 했다, 거짓이 된 평등처럼

모든 연착이 지금으로부터 몇 분 후 모습을 드러낸다 해도
모든 계단이 출구로 이어지는 것은 아니다
이루어지지 않은 이동으로 붐비는 계단들
눈에 섞여 날아가버리는 햇살부스러기들

그 때문에 슬퍼하지는 말자고
반지하보다 먼 곳에 어둡게 살는지도 모를
여생을 향해 낮게 속삭이는 동안
눈꺼풀이 천천히 내려와 반지하처럼 감긴다

내 눈은 이제 지상과도 지하와도 경쟁하지 않는다
세상에 아직 남아있어도 좋은 반지하라는 듯
그늘의 숙성이 짙어가는 나의 반지하,

어둠의 음계를 밟고
평등하지 않은, 물이 빠진 아침이 간신히 지상으로 올라
간다

풍선

손에 쥐고 있는 것들이 갑자기 사라지는 날이 있다

아이에게 풍선을 불어 묶어주려다
갑자기 바람구멍이 열리자
풍선이 갯벌 위로 끌려 날아간다
무슨 말을 저리 온몸으로 하나싶어 문득 소름 돋는다

간간이 대화를 하며 뭔가 부풀리다
열려버리는 바람구멍
묵은 굴레를 하나도 풀지 못한 채
입김처럼 그것이 사라지는 날이 있다
그 사이 나는 얼음장처럼 얼다 녹는다

색색의 풍선이 떠있는 바다
또 하나 풍선이 터지면
부끄러운 입술 하나가 다물어지는 걸까
풍선 속에 하나 둘씩 별을 묶던

여기, 마음은 그때 가난한 밤을 위한 묵념으로 흐른다

말이 나를 끌고 멋대로 날아가도
기절할 정도로 좋았던 시절은 이미 끝난 지 오래인데
아직도 풍선을 불고 있는
슬픈 입술

망원(望遠)

노숙인 줄도 모르는 채
사람들은 기차를 탄다

두부과자 먹는 옆 좌석 노인이 내리고 나면
지구상의 일들은 이제 어떤 누구도 아닌
나의 작고 빛바랜 북을 두드리는 시간으로
식은 구름 밑으로 떠나가리라

하루라는 역을 어디선가 보았고
영원이라는 역장도 만난 적 있다
우주에서 노숙할 사람을
이 역에서 노숙할 사람에게 건네주고
기차는 떠난다

노숙인 줄 모른 채
사람들은 집으로 돌아간다

건널목에 빨간 신호등이 켜져 있다

*보통열차가 서는 일본의 시골 역.

해변고아원

눈 쌓인 해변고아원,
짹짹거리며 새소리 나는 지붕 밑에서
꿈을 구하려던 것은 생의 결 때문이었으니

눈보라 앞이 보이지 않을 즈음에도
먼 길을 몸 밖으로 떠날 일 있는 거지

해변에 간짓대를 세운 아이들이
포켓북에 들어갈 만한 공을 차며 노는
작은 발들 앞에
영혼이라는 증인도 구른다

그러나 꿈에 고기를 잡으러 가
상거가 오래된 아이를 굳이 불러내지는 말자
될 수 있으면 마음이란 구전이어야 해

아무 표시도 나지 않는 행복으로

바지주머니에 불룩하게 귤 하나를 넣은

하얀 눈보라 끝에 천리향이 보이고
모든 나무는 혼자서
가슴에 울렁이는 것
흔들리는 것으로
어느새 특이해지지

수만 송이 꿈이 다른 한 송이 꿈을 꺼뜨리지 않는
눈 오는 해변에 살자
눈가에 있는 것이 눈물점이라는 말이 귀에 또박또박 박혔으나

그래서 사랑하는 사람을 굶기고 싶지 않은 슬픔을 알지 못하는 것만큼은
용서할 수 없다고 말하자

눈덩이를 만들던, 약간 손에 넘칠 만한 크기의
꿈이 뭉칠 만한 부피가 될 때까지 호주머니에 넣고 있던
눈 쌓인 해변고아원

외로운 곳을 흘러가는 것이 손쉽고
생일상이 없는 것이 좋았으나
오래 입은 마음을 벗으니 아프다 연락해

섬의 어디에서나 보이는 미궁을 산이라 하고, 또래들은 그걸 품고
똑같이 고아원을 떠날 때가 된다

노숙인 줄 모른 채 사람들은 집으로 돌아간다

3

비 오는 날, 희망을 탓했다

비바람에 벚꽃 질 때 어디에서 어디로 가든
이름을 알 수 없는 죄스러운 희망이 있는 거라는
생각을 했다

이쪽에서 저쪽까지 걸레를 밀며
비가 들이친 마루를 닦으며

희망에겐 절망이라는 유일한 선생이
있는 듯도 하여
먼 훗날 벚나무 교정을 떠나 살 때도
벌로 청소를 시키는 비가 추적추적 내리곤 할까 생각했다

교실에 남은 나를 잊어버리고 비가 내리던
하루, 라는 말이 가장자리 없이 춥던 날
용서를 청하지만 용서받을 사람은 없고
모든 것을 놔둔 채 나만 탓할 수도 없는

매순간 좀체 밝아지지 않는 그런 희망 속에
매순간 좀체 어두워지지 않는 그런 희망이 있었다

나의 노래

오늘도 즉흥곡 끝자리에 앉아 있자니
파도는 제 몸의 관절들로 다시 기억을 꺼내오듯
밀려온다

등허리 굽고 흰 건반
가장 약하게 온 파도에
실을 수 있는 음만 얹은

내 시간이 끝날 때
내 이야기가 빠진 그 음을 누가 이야기하지 않겠지만

정녕 마음은 음력(音力)의 해안을 바꾸며 산다 할 수 있네
물이 들고날 때마다 낯이 변하는
노래는 어디까지인가 불어가고
아, 누군가는 나를 흩어지는 음으로만 가질 수 있지

그중 전갈 없이 오는

즉흥적인, 그날의 두 눈동자가 가장 아름답다
찬 건반(乾飯)을 입에 넣어주며 탄산 기포처럼 방울지며 세월을 보낸 적이 있다

창을 열면 누군가는 들어보지 않은 곡을 두 번째 들을 수 있을 텐데
그게 나의 노래, 어쩌면 어려운 노래

벼락 맞은 비자나무

너무나 사랑하니까
나중엔 죽은 쪽이 산 쪽을 데리고 하는 것처럼
산 쪽이 죽은 쪽을 데리고 하는 것처럼
춤은 퍼져나갔다
난 괜찮아
뜨거웠던 거뿐이야
그밖엔 너를 잊는 방법을 모른 채
벼락인 척 양 허벅지를 검게 태웠다

혹한

1급 정비공장
엔진이 죽은 장의차 지붕 위로
오는 눈송이

사랑이
더럽게 식은 비계국 같은 저녁
다 짓무른 몸을 지상에 안아 내리는
부나비…… 결국 저렇게 자기를
도도록하게 자기를 안을 뿐인 진눈깨비를
누가 운다고 하지 않고 내린다고 하나

귀를 덮으며 오는 눈송이
먼 데서 걸려온 전화를 내려놓는다

사랑이

더럽게 식은 비계국 같은 저녁

다 짓무른 몸을 지상에 안아 내리는

부나비……

광장의 거지

눈송이 깨지는 그대 이마 쓸쓸하도다
지렁이의 곤한 길이 발끝에 닿고
오늘도 그대는 허공을 흘러갔던가
제 뼈로 몸 세우지 못하는 길에서
매일, 밤 한 장의 세상에 덮이리라
슬픈 시간은 어디서 물 한 주전자를 먹어치우고
제 몸 밖에서 안으로 따라오리

이 길에서

한 산 쏟아 덮은 눈이네
밖으로 어떤 나무가 서 있는지 알지
을종 여관에 목덜미가 돌덩이처럼 잠기고
하염없다 해도 피 같은 것을 내 길에 표시해 두었으니까
한밤중 눈덩이 날아오는 데를 봤으니까
삶의 구렁 속에 들어가
그 구렁에 내 몸을 맞춰 볼 수도 있으니까
남녘 들피진 그때 순간
아버지의 눈보라야 비바람이야 말 안 해도 다가오지
황량한 땅을 잘 아는 나무들이 가깝고 잘났더라고
이 길에서 한 잠 자고 또 가네
구멍이 바람을 뚫고 다가와 발가락을 무는

슬럼프

근황을 묻는 장거리 전화가 왔다
나는 문을 열어두고 며칠 빗소리를 들었다 했다

비 그친 해안도로에 쪼그리고
거북이 지나가기를 기다리는 일,
그 이야기까지는 어떻게 할 수가 없었다

볼만한 구경치고
고독이 이렇게도 느린
이 헤엄을 배우기란 쉽지 않다

땅거죽에 깔린 가슴으로
마음을 누르며
부글거리는 체온이 식지 않게

등이 된 포물선 위에 별빛 반지라운
밤을 홀로 보낸다

이러면 귀갑까지 붉어오는
부끄러움이 이국(異國)을 이룰 때인데
눈을 내리깐 자의 눈빛

발을 뒤로 저으며
가장 화가 나는 곳으로 가고 있는 근황을
어떻게 이야기하리

한 산 쏟아 덮은 눈이네

밖으로 어떤 나무가 서 있는지 알지

을종 여관에 목덜미가 돌덩이처럼 잠기고

늙은 버드나무 밑에서 물때와 말을 맞추는

갯고랑의 끝에 힘 빠진 필적으로 그물을 쳤다
식구들은 길 잃은 사람으로도 다시 들어오는 기척이 없다

혼자 키우기 시작한 귀에
단청으로 들이곤 하는 물소리

물때와 말을 맞추고 있는 노인은 신발을 찾고
나무좀 갉는 소리가 나는 집이 여위고 있다

무슨 말 뒤에
무슨 일이 있었던 삶은 더 아리고

갯것들의 물렁함 속에
나의 배꼽이 다음 말의 탯줄을 물고 있을지 몰라

이생은 여섯 물 일곱물 물 때 여수고
한 겹 한 겹 헐어 지은 집안엔

대대로 적막이라는 지지가 있어야 할 꽃나무가 자란다

이왕 말이 난 판이니
숱한 풍문의 뿌리는 대문 밖에 뒤집어 두리

그리고 간다
입맛을 잃은 아름다움을 뒤로 하고
생달걀 뭉개며 지고 있다
남쪽의 여름은 소리도 없이

크리스마스에 오는 눈

우리는 지상 앞으로 갑니다
우리는 형형색색의 급전이 필요한 사람

하얗게 떨어지는 눈을 맞으며
짝짝이 신발처럼 만납니다
한 골목을 두 골목으로
엿가락을 늘리며

눈에 꽃이 비쳐 따라 들어가고 싶은 막다름은 내 것이며
얼다 녹는 마음의 발단 그 풀숲을 헤쳐 가는 것도 같다

강설이라는 반듯한 것도 아니지만 삐뚠 것도 아닌
모든 이착륙의 모양들,
어쩔 줄 모르는 마음으로 가보고 싶은

크리스마스트리는 그쯤에서 면사포를 쓰고 사구(沙丘)처럼 넓은 눈더미를 안습니다

아무래도 나는 껍질이 까진 풀꽃 한 줄을 하루빨리 당신에게 걸어줘야 할 것 같습니다
사랑하게 되지만
다치기 좋아해? 하고 카드를 쓸 수 있습니다
부끄러움에 물감을 더 넣거나 외로운 감빛에서 긴 신음소리를 좀 빼는데
말들이 자꾸 부딪는 것 같지만

우리는 같이 갈 수 있습니다
우리는 우리에게 있는 것이어서

내가 빚지고 비는 사랑을 목에 걸어보는 날의
요령 없는 말
옷섶 안쪽에 누에가 먹고 있는 글귀 소리를 사근사근 들으며
사랑은 사랑에게로 사랑일 수 없는 곳까지

우리는 곧 오래 갑니다
당신의 절반을 옥죄고 내 절반을 비틀어 맨 짝발을 끌고
우편낭 같은 한 자루 눈송이를 받아가며
첫눈의 영성체를 밤새 입에 댑니다

흰 눈을 받아 손이 저립니다
급한 김에 딴사람에게 손난로를 배달시킬 수야 있고요
꽃놀이 가는 할머니와 어머니의 고무신으로 무난한 무늬가 날린다거나
사실은 약을 두고 와서 당신 앞에서 그만 정신을 잃었다거나
사연이 있으니 마음이 흔들리더라는 고백을 쓰는

봉투처럼 두터워서 좋은
크리스마스에 오는 눈

어디선가, 이륙하는 바퀴 냄새가 섞이고
급강하하는 영혼을 눌러쓴 모자를 누차 벗어
인사라도 하고 싶다

내일도 눈 예보가 있는 곳을 일부러 찾아가는
여러 가지 빈한에 대해 징검돌을 놓는
눈 오는 광장에서

마을 강가에 각진 산 되어

마을 강가에 각진 산 되어 서서
텃세가 센 깔깔한 풀도 심고
무수하다는 동백꽃이 떨어진 그 봄처럼
부강하게 사랑을, 질탕하게 새끼를 낳고
나는 너를 거부하리라

내 생일은 눈 내리는 날

하염없이 흰 눈 내린다

흐르는 눈 속으로 업혀가는 아이 바라보다 두 살쯤 된 나의 얼굴이 떠오르는데 혹시 내게 그때 이미 삶이란 게 대체로 애틋했을까 막 걷기 시작한 아기가 문지방에 걸려 오도가도 못한 채 문밖을 하얗게 때리며 흰 눈 오는 것을 바라볼 때 생이 저와 같다면 어떤 굴렁대로도 쉽지는 않겠네 했을까 깜짝 놀라운 그런 것이 흰 눈만은 아니었겠지 세상 모든 게 전부 새 것이니 매일매일 교외로 나가는 것처럼 깜짝깜짝 놀라웠겠지 그때 나는 기저귀를 차고 사마귀가 하나 없이 지구에 돋아나고 있었을 거라는 것

빈 장독 속에 앉은 듯 하염없이 내리는 눈 감감하게 올려다 보다 문득 생각한다 한줌만한 몸이 가슴을 발딱거리며 와앙! 울음을 터뜨릴 때 처음 내 몸속의 폐로 첫눈 내리는 밤공기가 와락 쏟아져 들어올 때 나는 어떤 표정을 지었을까 아이구 궁금해 궁금해 아무튼 확실한 건 그때 나는 발가벗은 맨몸이었다는 것 흰 눈의 질료 같은 맨몸도 그런 맨몸은 없

었을 거라 그곳에서 배꼽이 입일 정도로 얼마나 긴 잠이었으면 미래가 그렇게 어리고 보드라워졌을까 내가 아직 나이기 전 어떤 연애가 있었을 텐데 흰 눈은 하염없이 내리고

다시 그걸 뭐라고 불러

누가 저렇게 해풍을 응대하며 살아 가지

꽃이 되었으나
꽃으로 될 수 있는 게 뭘까, 묻는다면
그야 바람도 제 의지로 다니는 것만은 아니라고 달래주리요만

작아서 기억되는 꽃 중에서 신부를 삼고 싶은 걸
울대를 조이며 두리번대는
해국 점자들은 또다시 이곳에 피어나지
한줌 흙을 바위 겉에 토해

숙여서 해줄 수 있는
형태이면
두 손으로 책을 펴거나 꽃을 심는, 맞절이 좋을 것 같다
이런 풍토에서
나는 몇 평 안 되는 소원으로 예식을 올리는 것이니

점점이 멍치 주위에 박아보는
연한 마음의 자줏빛 봉지들

영혼의 금빛 목조 처마 위에 하나둘 떠오르는
너를 어떻게 버려, 그걸 뭐라고 불러

해국인데
바람 같은 자의 밑자락을 거머쥐는 종류인데

내가 어떻게 네게 왔다 가는가

비는 때마침 잘 오는 거 같아
잎사귀 안에서 연하게 바깥으로
빗소리들이
내 앞으로 몰려든다

함께 오는 것으로는 이명,
그 항로 없는 새들도 지저귀는 것으로는 얼마나 빡세겠어
아름답겠어

오늘도 제주도세요, 너는 묻지만
늦도록 책상다리를 하는 내 직업은
이삿짐 박스만 한 말을 고층에서 조용히 내리는 것

그 길에 데리고 나온 인생은
지금 생각하니 그럴싸하고 찬란한 감정이었다
빗방울, 세간엔 우리가 밤봇짐으로 가장 어울린다는 말도
있는 걸

하루에 빗소리 한 줄을 받아쓰며 파이는
찬 오늘밤
내일 밤
너는 무얼 할까
내 나이쯤 되면 무얼 하고 있을까

어느 날 손등에 떨어진 촉농 머금은 입맞춤부터
패인 곳에 들어갔다 나올 수 없는 눈물까지를 애써 살고
큰 나무도 없어 눈 둘 데 없는 막연한 해변을 구르며

어느 빗방울에 하냥 빠진
밤의 바퀴처럼 떨어진 어처구니처럼

내가 어떻게 어린 네게 왔다 가는가 어떻게
이명 안에 일생 흔들린 짐수레 하나를 세워 두고
그만 늦겠다고 하는가

먼저 자고 가는

이것을 춘몽이라고 말할 수 있으려나

빨간눈 토끼

—강진 어둠 2

살구꽃 피는 해안 빠른 봄날이다
머리카락에 묻은 기름기가
아침 손바닥에 잡히면 어디로 가야 하나
삶의 마른 무쪽이 끌려들어가는 쥐구멍
보내지 못한 물컹한 활자 몇 개 쏘옥 따라들어가
아, 그래, 내 돌 때 금반지를 쥐고
어머니는 왜 빨간눈 토끼처럼 부엌으로 뛰어갔을까
뒤를 밟아온 아버지를 졸업식장에서 보자
어머니는 왜 박수치며 빨간눈 토끼처럼 울었을까
혓바닥 위에 찢기어 짤막하게 오르내리는
가족, 이라는 아픔의 오징어를 밤새도록 씹어
씹어서 뱉지도 삼키지도 못하면
등화관제 속으로 빨간눈 토끼가 어디론가 내달리고
가족은 치마 한 장을 뒤집어쓴 지상 한 모퉁이를 적셨다
나, 살구꽃 지는 해안에 초가를 짓고
쥐구멍에 한쪽 신발을 허겁지겁 들이민다
흩날리는 것을 붙들려는 표정으로

사랑은 사랑에게로

사랑일 수 없는 곳까지

그대, 내 속옷 단추만한 사랑을

빗물로 산번지를 껴안는 영혼을 보았나
모든 목마름에 우물 대주고 가는 지문을 보았나
아, 상처를 숯불처럼 부는 잎새 다가오니
그대인 줄 알겠지만
그대라고 부르기도 부끄러운

나 때문에 처음 고독에 나들이 했고
하늘의 맑은 도시락을 폈던
내 사랑
나 때문에 가난하고 높은 아침에 오르고
가장 낮은 저녁에 회벽을 바른

가장 쉬 더러워진 눈물을 갈대에 피운 꽃 자국을 보셨나
속옷 단추만한 뉘우침이 가슴에 솟은
사랑이라도 있는 것을 보셨나
그대의 상처가 태어났다는 내 이름은
아주 묘연하게 그대와 살고 있네

갱국*

내가 뱃속에 있을 때에도
그녀는 쭈그리고 앉아 갱을 깨며
톡, 톡, 톡, 나의 어두운 눈빛을 깨웠을 것이다

종일 잠만 자다 일어난 저녁,
마당에서 갱살을 가는
사기그릇 모서리를 잡은 손
힘준 손을 놓아도
그녀의 손목은 구부러져 있을 것이다
오십이 되도록 눈을 자유로이 두지 못하는 자식 쪽으로

얼음을 넣은 갱국을 받아먹는다
얼음을 넣은 갱국을 받아먹으며
한평생 여자의 슬픈 갱도에서 얻어먹는다는 생각이 든다

어두운 부엌 안으로
구럭 짐을 내리고 앉아 있는 가을,

구석져 있는 것을 껴안아 주려는 저녁별의 이야기를 듣는다
얼음갱국을 내게 먹이려는 여자의
한 알 슬픔의 갱을 깨지 못한 채
나는
한 손 없는 마음으로
갱의 작은 뿔을 향해 귀향해 있었다

*갱은 다슬기의 방언.

편도

돌매화가 돌 위에 서는 표정
깜짝 놀라 발이 빠지는 그 느낌으로 가자 그렇지만
사람들에게는 늘 있는 일로 알게
시는 안 쓰는 걸로 보이게

폐도(廢道) 하나를 잡아
한 장씩, 말을 두고 홀로 넘어가 볼까
그럼
섬과 육지 사이에 플러그를 뺀
편도만 달라 하고

인상이 좋았지만
인연은 좋지 않았던 왕복들을 생각해보는 거지

낙조를 건너와
한 사람까지만 부쳐 먹는 해변을 고른 다음
허리가 굵은 겨울을 만나게 된다

그리고는 새의 발자국이나 파릇한 풀이파리들이
눈보라를 개어주는 걸 바라보게 된다

돌아가는 일이 시들해지는 지점에 추억은 몽돌을 눌러놓았으니
내게 볼 일 있는 사람들은 어느 여름에 와보면 되게
돌 위에 꽃이 앉는 방법은 모르게

삶은 여기서 시 쓰는 조건인데
돌방석 위에서 시릴 때 안으로 화염이 번지는 사실과
그 속에서 파도소리가 가슴 치며 떠나온 고독을 앓는다는 것
그럼, 내 편도는 표정관리가 된 셈이다

거기까지 여행은
돌에서 돌매화까지

노랑꼬리 연

노랑꼬리 달린 연을 안고
기차로 퇴근을 한다 그것은 흘러내린 별이었던 것 같다
때론 발등 근처에 한참을 있었던 것 같다
사랑은 손을 내밀 때 고개를 수그리는 것이니까
길에 떨어진 거친 숨소리가 깜박거리는 것을 볼 수 있었던 거다
아물면서도 가고 덧나면서도 가는
그런 밤엔 가장 듣고 싶은 말이 있어야 할지
네게 물어도 될 것 같았다

별을 들고 도착하는, 잠시 후 발차하는
기차에 같이 있고 싶었다
그런 내 퇴근은 날마다 멀고 살이 외로워
노랑꼬리 연이 필요했던 것이리라
언제나 집 근처에 집이 없었던 것 같다
너의 말 한 마디에 하늘을 날 수 있는 댓살이 내 가슴에도 생겼으니까

꼬리를 자르면서라도 사랑은 네게 가야 했으니까
그것은 막막한 입맞춤 위를 기어오르는 별이었던 것 같다

내 사람이라 말할 수 있는 그런 운명은
오래오래 기억하다 해발 가장 높은 추전역 같은 데 내려주어야 한다,
바람이 분다
지금은 사랑하기에 안 좋은 시절
바람 속으로
바람이 분다
지금은 사랑하기에 좋은 시절

네게로 가는 별, 댓살 하나에 온몸 의지한
노랑꼬리 연 하나 바람 위로 뜬다

눈 오는 날 앉아

마음을 잡아야 하는
가지 끝에
새가 앉아

다리를 놓듯이
다리를 끊듯이

설경을 닦으며
너무 작은 눈에는 들어왔다 말았다 하는

벌금만 내고 그냥 돌아가고 싶은
겸연쩍은 사내를 본다

영혼이 뜯은 겨울 문풍지 잎들을
사내의 허공을 메우는데 대주거나
마른눈송이 운석들을 덜 아프게 씹어주는
팽나무 위에서

오기도 하고 가기도 하는 거라면
그 하나는 새에게 맡기고 싶다

다리 끝에서 끝으로
눈에 띄게 굽어진 시간의 멍울

그 눈에 조용히 안겨
그 여자 이름을
처음 불러 본다

해변묘지

발 질질 끄는 돌들을
두고나오는 청람색 해변, 절은 무덤들은 파도소리에 맞춰 내려서고 또 주저앉고

갱이죽 냄새나는 대기 속에 누가 미친 듯 행진을 계속해 세울 수가 없는데
해변은 날갯짓 멈춘 삶들의 어느 변이었을까

청람, 부디 읽어주기를 비는 해풍의 비문을 보라
사라진 사람들이 세어주고 간 남은 사람들
한 번 더 죽는 일이 남아있는 그 행색을 보면
수국 피는 마을길에서 모래사장 순비기나무 곁으로 뒤집힌다

어딘가에 벗어놓은 구덩이를 끝내 못 찾은
해변, 한 팔의 상처와 다른 팔의 죄는 되고 외롭다
신발을 신지 못하고 간 황급한 죽음의 잠기고 잠기는 눈동

자를 어루만지는 사람은

젊으나 젊은 괴로움이 할아버지가 될 때까지 저물지 못한다

무슨 일이냐며 검은 구름은 빈 배를 몰고 좇지만
흩어져간 무덤들이 자는
터진목,

이곳으로 낮은 들꽃과 새를 부르는
아, 남은 자들의 창안(蒼顏)은 인간의 어지러운 무릎 위에 양손을 불러 모으고

이렇게 된 흐트러지고 흩어진 수치심에
됨됨이라는 머리빗 꽂히는 인간의 아침이 밝는다는 마음으로
해변을 들여다보기도 하리
눈물부터인가, 함께 마실 다니던 믿음이라는 물결도

광치기해변* 넓게 섞여오는 것이다

나는 이곳에서 곧 장가를 드는데
누구에게 답례를 해야 할지 생각이 나지 않는다

*대표적인 제주 4.3 유적지

젓가락, 내 마음은

내 마음은 오래도록 바짝 마른 것에 가 있었다

고아원이 밤의 반짝거림을 끌고
새 울음소리 뒤로 옮겨가는 밤에
나는 시름해진 꿈을
곧잘 눈에 잘 띄는 선반에 올려놓곤 하던
젓가락처럼 몸이 긴 아이들을 생각한다

이런 날 내 마음은
물배급차를 끌고 다닌 길에서 돌아오지 않는다
입에 물려 있던 물을 간신히 다른 입에 밀어 넣던 아이의
희미한 이름도 간직하고 있다
별이 두 개나 세 개씩 하룻밤에지면
흙칠을 한 호수 옆에 묻어야 했던 그 길을

가지고 있다 내 마음은
물이 없어 문을 닫은 고아원

폴라로이드 사진을 찍어주면
기력을 다한 살핏한 눈빛을 내 귀에 대고
고맙다고 하던 아이는
쪼개기 전의 나무젓가락처럼 두 다리가 붙어 있었다

지평선에 해 빠질 동안
아이들을 세상 밖으로 가만히 놓아달라 해주고 싶었다
마른 발등이 병실을 옮기는 긴 허방 붉디붉어도
우리는 무비*나 에이즈, 라는 말을 입에 담지 않았지만

옮겨 심은 나무들이 더 이상 자라지 않아
어느 귀신이 그걸로 새 젓가락을 만들고 있으리라

*동아프리카의 아이들이 에이즈를 부르는 말. '도둑'이라는 뜻을 가진 스와힐리어.

막 어두워지는 숲길

숲길이 막 어두워져 더 걸어 들어갈까 말까 하는 갈피에서
무슨 빛인가 발그레하게 떠오르는 것이었습니다
숲이 항아리를 씻어두었는지
무슨 빛인가,

여름날 길을 달리한 모든 가지들 위에
밥 묻은 손바닥처럼 얹히는 것이었습니다
노란 양푼을 업은 금달맞이꽃도 눈에 띄는 것이었습니다

그 길은 언젠가 두 사람이 걸어
목이 잠기는 곳까지 구부러들어야 했던
이끼 앉은 돌 사이로 나뉘어갔던

숲에선 하루해를 핥아준 냄새가 나고
지하대수층에 다니러가는 해가 밤나무 밑으로 접어들면
마른 새가 엎드려 있어도 좋을
눈동자 하나가 밝아오는 것이었습니다

오 숲길은,

한 사람만 들어갈 수 있을 때가 있어서
두고 가는 사람을 짐작하지 않지만
빛에 머물다 간다는 말을 해주는 것이었습니다

불화

오랜만에
집에서 간 맞은 국을 마신 뒤
내 간담이 빠져드는 피할 수 없는
얼굴에 저 쪼글쪼글한 눈빛
옆구리에 굵은 솔 테두리를 단
수도 없는 새해 아침을 돌아온 저 퍼지고 퍼진 어머니
가슴에 낙담을 첨벙 담가둔
굴러 떨어진 어머니 개인이 있고
입을 닦고 일어나는
내가 낯선 자식이 되다니
나의 상처는 결국 이것이 될 것인지

푸른 밤바다

당신의 베갯머리에 앉아
며칠째 숟가락 놓은 곧은 손을
쥐어본다

안녕, 이란 알고 보면
막말 같은 허구렁에서 헐거워진 손목 같은 데를 빼는 것
마음이 먼저 길을 떠나고 외로움이 남아 연줄 끊는 거 겪어
보지 않은 것처럼 말하면 뭐해

늦은 시간에 어딘가를 가려는 당신
슬픔을 빼앗기지 않는 내 마음

내가 없을 때 뭐하는지 궁금하기만 할
덧대어진 눈, 먼 울먹임 같은
젓국 빛 시야 속에
마른 시래기 옆에

흙먼지 날아가고 남은
묵은 얼굴 반달 이마

누군가를 향해 문드러진
그래서 누군가를 가리킬 수 없는 미워할 수 없는
동그만 손에
곧 쥐어주려는 듯
푸른 밤바다
닿을 듯 닿을 듯

끝까지
과연 누가 사람을 사랑할 수 있나
밤바다에 둥근 달 뜨는 일이란
잠옷 벗기듯 한 말을 하얗게 들추는 일인데
거짓말을 다 알고 있는 뼈아픈 손마디로 당신은 내 어디를
짚어보는가

아버지의 밤색 배낭

어느 저녁
의자 옆엔
일생 메고 다닌 밤색 배낭
늘편하게 당신은
앉아 있다
꼬리 치는 해안을 곁눈질로 바라보며

저녁이라는 낡은 서까래 밑에
세면도구와 팬티를 들어내 홀쭉해진 당신은
청승맞은 고옥을 개조한 여인숙 같다
다 들어내도
다시 채워도
한쪽 性만 꾸역꾸역 드나드는 밤색 여인숙

외등이 묽은 어느 밤의 지붕 밑으로
모자를 쓰고
배낭을 메고

줄을 타고 내리듯, 수세미외처럼
괜찮아요, 내가 당신의 옆구리에 붙여지지 않은 어린 감옥이었을 수도

호랑가시나무를 안에 넣고 솔기를 여민
아버지의 현실보다 이야기를 많이 담은
밤색 여인숙에
등이 켜진다

내가 다른 밤색 배낭을 메고
해가 어깨 너머에 있는
해안을 걷고 있을 무렵

어느 저녁

의자 옆엔

일생 메고 다닌 밤색 배낭

늘펀하게 당신은

앉아 있다

꼬리 치는 해안을 곁눈질로 바라보며

물걸레

복도 벽에 물걸레가 세워져 있다
걸레질 전공으로 학교에 들어온 물걸레
뒷등을 오래 보여준 남자 냄새가 난다

그 옛날 멀미가 잦은 사람이
쿵
바닥에 자빠뜨린 긴 문장처럼

추억이 눈앞 캄캄한 추억을 불러내는
방식이 대개 가슴께로 밀고 닦는 것
물걸레 냄새처럼 온다
방금 으깨어진 옛날은 닦아도 닦이지 않는다

복도 벽에 기대어
제 머리카락을 쥐어짜 놓은
물걸레
길게 자기를 가리키며

길게 자기를 흉내 내며

나의 비애

사랑보다 더 늙은
몸이라는 비애를 만지며
금곡리 저자거리의 저녁이 되어가네
퇴근길에 가을비 넘어가는
나의 비애로 제해야 하는 가을이
없는 길을 끝내 가게 하면
내 사랑 감출 곳이 없네
죽산품과 젓갈류, 채소전들 사이
시장에 쌓인 고향들을
하나씩 입속에 굴려보며
팔려간 고향이 되어 객지와 살고 있으니
고향을 의심하는 나는 외롭네
눈만 남은 사람처럼 마르네
2단 협립우산을 든
비애가 신문지로 싼 찐빵을 끼고
잠시 전봇대 뒤로 사라지네
모든 것의 타향 쪽으로 가지 않으면

나는 더욱 어두워질 것 같은데
한 치 앞을 모르는 상처 속에 사랑이 있으니
사랑은 끝없네
비 맞은 비애
길을 찾을 수 없는 날의 저녁이
또 하나 쏜살같이 지나가네

모든 것의 타향 쪽으로 가지 않으면
나는 더욱 어두워질 것 같은데
한 치 앞을 모르는 상처 속에 사랑이 있으니
사랑은 끝없네

굽은 소나무 그림자

등 뒤에서 나의 가장 먼 곳의 문고리를 잡는 것이었다
등 뒤에는 오래 오래된 마룻장이 있었다
극락전까지 걸어가는 시월이면
등 뒤를 증명하려는 것처럼
솔바람, 피어오르는 깊이는 확인해 줄 수도 없다

연못 수면에 살짝 쓰러진 꽃을
받쳐들고
오래 걸어서 갈고리가 되도록 구부러진 가지로
극락전까지
핏줄을 대가는
긴
그림자

사랑은 조랑말처럼 눈발에

눈발을 팔라고 찾아오는 사람들이 있다

마지막까지 뱉어낸 눈발이 한 여자의 뜨겁고 놀라운 고백인 줄 모르고
물살이 센 꿈의 눈보라를 덮은 것도 모른다

지난 여름밤의 조랑말자리가
희미하게 박혀서 웃고 있는 눈발, 함께 숨 쉬는 것이 고맙습니다

네게 내 노래를 주고 가는 사람이 되고 싶은
세상천지 악공 둘이서 얼다 녹으며 얼다 녹으며
눈발으로 가득한 숨소리를 껴안은 채
살고 있다
사람의 눈을 피해가며

오 숲길은,

한 사람만 들어갈 수 있을 때가 있어서

두고 가는 사람을 짐작하지 않지만

빛에 머물다 간다는 말을 해주는 것이었습니다

족발 먹는 외로운 저녁

족발집 노을이란
모항 귀퉁이 족발집에서 보는 고운 노을을 말하는데
그런 날 실연한 노인이 뒷걸음으로 모항에 돌아와 선창에 앉으면
각을 뜬 꼬들꼬들한 발들은
접시 위에서 귀띔해준다
더 갈 수 없을 때
노을은 바다 앞에 필 수 있다
그 노을이란 피할 수 없는 어떤 걸음
혹은 희생이라는 것, 바다에 발을 올려놓은
가장 예쁜 노을은
시궁창 속으로 가장 자주 지나간 부위라는 것
인간의 사랑 같은 것도
갈라지고 터진 발가락 같은 곳에 화두를 던지고 캄캄한 길을 통과한다고
돼지우리에서 늘 멀미를 하며 걸었지만
나는 할 일은 다했고

어쩌면 당신을 닮은 것도 같다고

우물터 돌

영원을 지나온 듯이
하늘을 봤다는 듯이

운다는 것도 웃는다는 것도 맞다

빨래방망이로 두드려 놓은
맑은 물이 놓였다

눈으로 어루만지며
나는 어루만지며

성한 치아 상한 치아를 차례로
올려놓는다

물소리,
두드리는 돌에서 난다

돌에서,
물소리 난다

겨울 여행자

시간제 여행자처럼
처음 섬에 가자고 했던 사람이 누구인지 모르겠다

사람들이 말하길 그렇게 큰 고통을 짊어진 사람이 여행자
일 리 없다고 했다
겨울에 아름다운 것이 있는지 모르겠고 아름다운 것을 죽
일 수 있을지는 더욱 알 수 없는 노릇이나

나는 이 섬이 흩어진 섬이며, 큰 부리로 사람들을 먹이고
있다고 들었다
많은 강은 대부분의 지도에 나오지 않는다

삼십대 중반에
방 하나 정지 하나만 있는 초가를 사 한지 도배만 하고 묵
던 곳은
우도였다
싸구려 식당으로 누군가를 따라 들어가

나오지 못하는
무슨 말을 우물우물 좇아간 게 여행의 시작이었지만

예년의 여행자와 혼동하거나 그와 헤어진 사람이라 불리기도 하는
하루 종일 돌을 파 돌 더미 위에 죽은 아이를 눕히던 여인과 닮았다는 말도 있는

여행자라면 곳곳의 오일장을 따라가다 만난
실한 통배추 같은 관념을 집어들 수 있지만

태풍의 눈이 이 섬 밖을 떠돌고
어디선가 지금 들끓는 중이니
붓을 놓으라는 게 아니라 동백나무 밑동에라도 들라는 거였네

내 몸을 지나간 여행들이 꺼내놨던 잔설 위 돌하르방

합친 것보다 더 무거운 혼자

미모를 빌려준 사람이라도 되는 양 나를 따라오는 시에게는 줄 게 없다
두 개의 근본을 가진 어느 이름에서 한 사람으로 사는 것같이 서러운 처지이다
찾아든 성산포 성당이 어두워지자 나도 내 여정을 이어가지만
여행 속으로 이감 가는 죄수라도 하나 안아주고 싶다는 기도를 했다

여행자가 변시지의 배를 타고 웬 그리움을 옮긴다는 소문이 들리면
정분 날 정도로 가까웠던 사람들에게 전해 달라

섬은 그래도 태풍철 깡마른 몸을 올려두기에는 그럴싸한 절도(節度)였으니

나무가 헝클어져도 사람 모양을 하고 살았다고

아침에 출발해 해 지기 전에 섬을 한 바퀴 돌고 돌아오면
바다에 집어넣은 옷가지나 밭에 파묻은 경을 파러 가 늦게 돌아오는 사람의 뼈와 살이 여전히 정낭에 걸려 있었다
귀먹은 심해져 고기 하나가 불을 켜주고

여행자의 사원이 널린
제주를 찾는 여행자의 초심은 겨울이 지나도 있으리라
여행을 빼앗겨 동백꽃같이 질 때가 있으리라

해설

사랑의 그믐으로 나아가는 언어의 행로

이경호(문학평론가)

황학주의 시편에는 그믐에 가까운 말의 자취가 역력하다. 점점 보이는 자취가 사위어가는 그믐달에 안 보이는 자취가 충만해지듯, 황학주 시편의 문장들은 가려진 뜻의 뿌리 깊은 하중을 감당하는 일에 충실하다.

'보이는 세계'를 '안 보이는 세계' 쪽으로 끌어당기는 뿌리 깊은 하중의 정체는 슬픔이거나 이별이거나 소멸과 같은 것들이다. 그리고 바로 그 점에서 뿌리 깊은 하중의 특징은 사유적이기 보다는 정서적이다. 그의 문장들이 지탱하는 시세계는 어둡거나 절망적인 정서의 깊은 뿌리에 결박당한 상태에 놓여있다. 그 결박의 상태는 천형(天刑)과도 같아 보인다.

황학주 시세계에서 '눈에 보이는 세계'는 여유롭게 누리기보다 간신히 누릴 만한 것들의 특징을 갖고 있다. 그것들은 사랑의 속성이 투사된 자연의 풍경일 때가 많다. 간신히 누리는 것들이므로 그것들은 대체로 스쳐 지나가는 짧은 시간의 인연으로 마주치는 모양을 보여주면서도 비밀스런 보상을 안겨준다.

사랑이
더럽게 식은 비계국 같은 저녁
다 짓무른 몸을 지상에 안아 내리는
부나비…… 결국 저렇게 자기를
도도록하게 자기를 안을 뿐인 진눈깨비를
누가 운다고 하지 않고 내린다고 하나

—「혹한」 부분

등단 시집인 『사람』의 시편에 등장하는 "부나비"와 "눈송이"는 사랑의 속성이 투사된 자연의 대상을 대표할 만한 것들일 텐데, 그것들은 모두 짧은 시간의 인연을 환기시켜주기에 적실하다. 사랑의 짧은 인연은 소멸을 향하여 나아가는 부질없는 생을 일깨우면서도 비밀스런 보상의 속성을 독자들 품에 안겨주니 그것은 바로 '간절함'이다. 간신히 간절함을 안겨주는 사랑의 부질없는 행로. 그것이 이정표처럼 우뚝 황학주 시선집의 방향을 가리키고 있다.

황학주 시세계에서 '눈에 안 보이는 세계'는 블랙홀과도 같다. 그것은 '눈에 보이는 세계'를 제압하며 빨아들인다. 부나비를 "내가 나에게 날아들었던"것으로 규정하고, 눈송이를 "자기를 안을 뿐인"것으로 규정하는 시선은 모든 대상을 자기 내면화하는 운명론자의 것이다. 그것을 우리는 '비애의 운명론'이라 이름붙일 수 있겠다.

> 나의 비애로 제해야 하는 가을이
> 없는 길을 끝내 가게 하면
> 내 사랑 감출 곳이 없네
> …(중략)…
> 모든 것의 타향 쪽으로 가지 않으면
> 나는 더욱 어두워질 것 같은데
> 한 치 앞을 모르는 상처 속에 사랑이 있으니
> 사랑은 끝없네
>
> —「나의 비애」 부분

비애의 블랙홀은 모든 지상의 눈에 보이는 풍경과 행로를 지워버리고 시인에게 무망한 길, "없는 길"을 열어줄 따름이다. 가을에서 겨울로 넘어가는 계절의 풍경은 그런 길을 예비하기에 맞춤하다. 그 길 또한 그믐으로 나아가는 여정이리

라. 그런데 역설적이게도 그런 그믐의 여정 속에서도 사랑이 기약되고 있다. 아니, 오히려 그런 여정 속에서 사랑은 더욱 절실한 존재의 빛을 발한다. 그때의 사랑이란 세상의 현실과 어우러지기보다 척지는 순간에 피어나는 꽃과도 같다. 세상의 타향과 상처 속에서만 피어나는 꽃 같은 사랑. 그때의 꽃은 "개흙"의 모양을 보여준다.

> 신발에 붙었다 떨어지는 일생의
>
> 개흙으로
>
> 빨래한 상처만
>
> 오늘은 향기롭게 가고 있네
>
> —「꽃향기」 부분

세상과 불화하는 여정은 수렁과도 같은 뻘밭으로만 펼쳐져 있으나, 더럽고 남루한 "개흙"이 오히려 상처를 보듬고 치유하는 역할을 수행하니 "개흙으로/빨래한 상처"를 연꽃의 향기로 받아들이며 불화의 행로로 시인은 주저함 없이 나아가려 한다.

세상과 척지는 방향으로 나아가는 사랑의 운명은 여실해서 상처를 보듬는 "개흙"에 "선인장처럼/꽂혀 있"(「섬」)는 조건을 환기시켜 준다. 섬을 "선인장"으로 바라보는 시선은 날카로운 고립의 조건뿐만 아니라 수직으로 추락하는 절망을 환기하는 이미지로 변형되기도 한다.

> 집으로 가기 위해
> 사내가 절벽을 타고 내려간다
>
> …(중략)…
>
> 집으로 가는 사내의 등짝엔
> 해의 반대편처럼 검은 관
>
> —「황하 절벽」 부분

절벽으로 추락하는 “검은 관”의 이미지가 바로 그것이다. 그런데 그의 시세계에는 “선인장”의 날카로운 고립에서 “검은 관”의 추락하는 절망으로 진행되는 사랑의 운명을 선연하게 거스르는 이미지가 제시되어 있어서 이채롭다. 그것은 바로 “댓살”의 이미지이다. “댓살”은 “선인장”만큼이나 날카롭게 상처를 환기할 만한 이미지인데 전혀 다른 기능을 수행하고 있어서 주목할 수밖에 없다. 게다가 그것은 같은 수직의 방향임에도 불구하고 ‘추락’과 정 반대인 ‘비상(飛上)’의 방향으로 나아가는 속성을 드러내고 있다.

너의 말 한마디에 하늘을 날 수 있는 댓살이 내 가슴에도 생겼다

…(중략)…

네게로 가는 별, 댓살 하나에 온몸 의지한

노랑꼬리 연 하나 바람 위로 뜬다

—「노랑꼬리 연」 부분

이 "댓살"이 바로 황학주의 삶과 시세계를 남루한 지상의 절망으로부터 벗어날 수 있는 "노랑꼬리 연"을 만들어주는 것이다. "노랑꼬리 연"은 사랑의 상처를 사랑의 소망으로 바꾸어주는 상징이다. 그런데 비애의 운명에서 잠시 비켜날 수 있는 사랑의 소망을 지상을 벗어난 공간에서만 누릴 수 있다는 사실은 언어의 소통 문제와도 연결되어 있어서 비상한 주목을 요구한다.

당신은 왜 밖에 나가면 전화하는 걸 잊어먹지?

당신은 안에

나는 밖에 있는데도

당신과 함께 있는 거 같은

그 느낌이 좋기 때문

—「파랑새 둥지 밖 파랑새와

파랑새 둥지 안 파랑새의 말로」 부분

이 작품에서 "밖"은 지상의 현실을 벗어난 공간을 환기해준다. 시의 화자는 밖에 외출하면 집에 전화 해주는 일을 잊어먹는 버릇을 갖고 있는데, 그 버릇이 실상은 '집밖'과 '집안'을 구분하기 싫어하는 무의식에서 비롯된 것인 양 풀어내고 있다. 이 무의식을 보다 내밀하게 분석해보면 언어를 통해서 공간의 경계가 구분되는 순간에 서로가 단절된 존재라는 사실이 부각되는 것을 회피하려는 방어기제로 작용하고 있다.

소통의 매개체여야 할 언어가 소통의 단절을 초래하는 수단이라는 자각은 생의 현실뿐만 아니라 시쓰기에도 영향을 미치고 있다. 그의 시어들이 간혹 뒤틀린 듯한 문장구조나 어눌한 말투를 선보이는 까닭도 불화하거나 단절될 수밖에 운명을 지닌 생의 관계에 균열이나 틈을 내려는 의도로 이해된다. 간신히 비집고 들어갈 만한 숨구멍 같은 틈을 마련해서 그 숨구멍으로 사랑의 교신을 띄울 수 있는 간절한 신호체계를 황학주의 시쓰기는 마련하고 싶어하는 듯하다.

내 손이 가만히 스친
그녀의 손가락 끝,
어디서 본 듯한 마음이란
저 손가락 속으로 따라 들어가보진 못하고
연근 구멍이나 만져보는 일인데

엄지손톱이 빠진 먹먹한 연근을 고르듯
더듬거리며
동그랗게 자란 여러 개의 허공을 만져본다

—「연근, 이라는 말의 뿌리는」 부분

행상하는 노파와의 교신을 가능하게 하는 매개체가 손가락이 아니라 그녀의 좌판에 놓인 구멍 숭숭 뚫린 연근이라는 사실이 황학주가 추구하는 사랑의 교신이 처한 현실을 절실하게 환기해준다. 연근의 구멍은 그 자체로 생의 불화와 사랑으로 상처 입은 내면의 상태를 암시해준다. 그런데 그 구멍은 다른 한편으로 사랑의 교신을 허용하는 소통의 숨구멍을 암시해주기도 한다. "엄지손톱이 빠진 먹먹한 연근"에서 "동그랗게 자란 여러 개의 허공"이란 그렇게 상처의 현실이 소통의 현실로 전환되는 비밀을 내포하고 있다. 하지만 동시에 소통의 숨구멍이 "허공"이라는 사실은 사랑이 차지할 수 밖에 없는 또 다른 헛헛한 좌표를 암시해주기도 한다. "꽃이 줄기 속으로 파묻힐 때가 오겠는데"(같은 시)라는 표현은 사랑의 이별과 소멸의 정황을 예시해주고 있다.

그런데 다시 그 험한 자리, "까마득 안 보이는 된비알에서/꽃이"라고 호명할 수 있는 시세계의 언어가 사랑의 이별과 소멸을 극복하려는 의지를 일깨우고 있다. 생의 험한 비탈길, 된비알에서 추락하면서도 사랑의 환생을 기약하는 언어는 부질없지만 간절하다. 사랑의 그믐으로 나아갈 운명을 확인하는 언어는 부질없으나 그 언어가 사랑의 그믐, 그 어두운 자리에서 돋아날 사랑의 초승을 기억하고 있기 때문이다.

책 말미에

거들어준 벗들의 아름다움에 고마움과 미안한 마음을 전하며,

2021년 겨울

황 학 주

황학주 시선집
여행을 빼앗겨 동백꽃같이 질 때가 있으리라

초판 1쇄 인쇄 / 2021년 12월 10일
초판 1쇄 발행 / 2021년 12월 20일

지은이 / 황학주
사진 / 박태희
디자인 / 송남숙

펴낸곳 / 발견
등록일 / 2008년 9월 17일
등록번호 / 제2008-000165호
주소 / 서울시 중구 퇴계로 30길 24 삼익파크빌상가 101-1호
전화 / 02-2275-4212

ISBN : 978-89-6879-066-9 03810

• 잘못된 책은 구입한 서점에서 바꿔드립니다.
• 책값은 뒤표지에 있습니다.